韓国天才少年の数奇な半生

キム・ウンヨンのその後

大橋義輝

共栄書房

韓国天才少年の数奇な半生——キム・ウンヨンのその後◆目次

第1章　二〇一一年春、機内

第2章　一九八三年秋、ウンヨン二一歳

第3章　二〇一一年春、ウンヨン四八歳

第4章　二〇一一年春、韓国

まえがき

時としてマスコミは、「書きっぱなし、垂れ流し」と揶揄される。その後のフォローを疎かにするからだ。もっとも新しい情報の波が次から次へと押し寄せてくるから、ある意味やむを得ないことかもしれない。

しかし、現場記者にとっては些《いささ》か耳の痛いコトバなのである。

私はテレビと週刊誌の記者を経験している。

私が所属していたフジテレビは、かつて「二〇〇〇年に一人のIQ天才」といわれた四歳の坊やをブラウン管に登場させ、その稀有の才能を視聴者に見せつけた。

その結果、幼児教育学者はもちろんのこと、多くの日本人を驚愕させた。その驚きはアメリカにも飛び火し、タイム誌も特集を組むほどだった。

まさに人類史上最高のIQ天才児は、時代の寵児となったのである。

その韓国の坊やの名前はキム・ウンヨンといった。今から四四年も前のことである。

ところが、その後、ウンヨンはなぜかマスコミから姿を消した。やがて人々は彼の名前を忘れた。

私はウンヨンが二一歳の時、どういう若者になっているのだろうか、と追跡を試みた。が、残念ながら会うことはできなかった。

歳月が経ち、いつしかウンヨンは私にとってネス湖のネッシーのような幻の存在となっていった。だが心の片隅では、いつか、いつの日かウンヨンと会ってみたい！ といった感情は残っていた。

その感情を行動に駆り立てた主な源は、あのコトバ――「書きっぱなし、垂れ流し」だったのだ。

とまれ、ある種の使命感で、私は再びウンヨンを追いかける旅に出たのである。

プロローグ

突然、新聞に訃報が出た。

坊城俊周氏。元フジテレビ常務で、宮中歌会始披講会会長を務める人物が、二〇一一年五月三一日、心不全で死去。八四歳であった。

坊城氏は以前、ご子息が今上天皇第一皇女の婿候補として話題にのぼったこともある。

東京・桐ヶ谷斎場で行われた通夜には、テレビ関係者、宮内庁関係者が大勢詰め掛けた。

坊城氏の遺影を前にして私は玉串を捧げ、あることを伝えたのだった——。

第1章
2011年春、機内

天才に会いに行く

エンジン音が巨体を小刻みに震わせている。この数百トンもあろう巨体がまもなく空中に浮かぶ。

アナウンスが流れた。シートベルトの指示である。ジェットエンジンの音が一段とボリュームアップした。

劈《つんざ》くような響きを残しながら巨体が動き始めた。ずんずんとスピードが上がる。すると巨体がふわっと、まさに無重力のように空中に浮かんだ。そしてぐんぐん上昇し、やがて左に大きく旋回。巨体の窓から見える景色が斜めになった。

思わず目をそらす。

大韓航空２７１２便のテイクオフであった。

私はある人物に会うために、苦手な飛行機に乗っているのだった。目的地まで二時間一五分。

すでに手には脂汗が滲んでいる。心臓音が早鐘を打っている。

機体は高度一万二〇〇〇メートルに達し、安定し始めた。シートベルトの開放を告げるランプが消えた。キャビンアテンダントが雑誌類をもって現れると、ようやく一息つくことができた。

あの未曾有の東日本大震災直後であれば、乗客はほとんど外国人ばかりだった。なにしろ彼らにとって、福島原発事故による放射性物質の飛散は脅威だった。マスコミも〝東京に放射能がくる〟と扇情的に書きたてたから、逃げ出したのだ。

上野や新橋で働く中国人マッサージ師も恐れを成して帰国し、残されたマッサージ師はあの店、この店と一人で何役もこなして都内を飛び回り、大忙しだと嘆いていた。

大震災からちょうど一ヶ月が経ち、機内の乗客は日本人が多く、外国人の姿は疎らだった。私の席の前にいる中年女性二人は、韓流スターのペ・ヨンジュンとかの名前を出しながらビールを飲み、日本語で喋り合っていた。亭主に留守番を頼み、ドラマのロケ地ツアーと洒落込む旅かもしれない。

私の場合は、あるミッションを携えて、ある人物に会うため日本海を越えようとしていた。ある種の理由からその人物にアポはとっていなかった。

まさにぶっつけ本番なのである。

果たしてその人物に会えるだろうか――。不安を抱きながら、好きでない飛行機に乗り込んでいるのだった。

私は目を閉じた。すると、その人物がくっきりと脳裏に浮かんでくるのだった……。

――二〇〇〇年に一人の奇跡児　出演！

新番組「万国びっくりショー」

今夜７：３０　フジテレビ
この不思議な天才児、金雄鎔《キム・ウンヨン》ちゃんは生後わずか四歳八ヶ月で漢陽大学の一年生です。矢野健太郎教授が出題する「積分」の難問をたちどころに解いたり、思想性豊かな詩を書いたり日本人にチクリと痛い批評をくだしたり。

世紀の奇跡を行う金ちゃんのすべてを、今夜ぜったいお見逃しないように

これは今から四四年前の一九六七年一二月二日の新聞広告である。

このキャッチコピーは大いに視聴者の関心を集めた。なにしろ二〇〇〇年の間にたった一人しか出現しない人物だ、ぜひその子を見たい……。

もっとも今の小学五年生にこのコピーを見せると、ほとんど誤読してしまう。なぜなら彼らは二〇〇〇年生まれだから、西暦と間違えてしまうのである。

それはさておき、当時のプロデューサーやディレクターの証言をもとに、早速この番組の一部を紙上で再現してみよう。

東大生二人を四歳児が負かした

東京・新宿河田町にあるフジテレビの第一スタジオ。

司会はNHKからフリーとなった八木治郎アナウンサー。八木アナは東大出身でNHKきっての知性派として、その名を知られていた。問題を出すのは、東京工業大学の矢野健太郎教授。矢野教授は、東大大学院を経てアメリカ・プリンストン高等研究所で、相対性理論のアルベルト・アインシュタインと二年間、研究を共にした経験の持ち主であった。

スタジオには一般視聴者約二〇〇人を招き入れていた。問題は次のようなものだった。

$$\int \frac{2x}{\sqrt{4-3x^2}}\,dx$$

矢野教授によれば、大学入試程度の問題というが、一般の大人たちでもなかなか歯が立たないだろう。

不定積分の問題を解くキム・ウンヨン４歳。左は矢野健太郎教授と司会の八木治郎アナウンサー。右のチマチョゴリの女性がウンヨンの母親、ユウ・ミンコウさん

写真３点ともフジテレビ「万国びっくりショー」より

ウンヨンは八木アナに抱かれて黒板の前の台に乗せられた。髪を綺麗《きれい》に七三に分け、「福」「壽」という文字を染め抜いた民族衣装を着ていた。この時、四歳と八ヶ月であった。

ウンヨンと一緒に問題に挑むのは現役の東大生二名だ。

矢野教授の「合図」で競争が始まった。ウンヨンは黒板に書かれた問題を一瞥するや、チョークの音を響かせた。まるで塀にいたずら書きでもするかのように複雑な数式をスラスラと書き始めたのである。スタジオ内では驚嘆のどよめきがあちこちから洩《も》れた。

一方、東大生の方は顔を歪めて苦吟の様子だった。誰が見てもウンヨンの方が圧倒的に優位に見えた。

「出来た」というサインの右手を挙げたのは、ウンヨンであった。二人の東大生はまだ問題と格闘中だった。

八木アナが矢野教授に判定を促す。矢野教授は、ウンヨンの書いた解答の前に立った。スタジオ内は水を打ったように静まり返る。チマチョゴリを着たウンヨンの母親の不安そうな顔。そして父親。

すると矢野教授の渋めの声が発せられた。

「正解です」

と同時に、スタジオ内は割れんばかりの拍手が沸《わ》き起こった。ウンヨンの両親にようやく笑顔がこぼれた。

東大生二人もウンヨンに遅れること数分で書き終え、ともに正解ではあったが、たった四歳の幼児に、日本を代表する天下の東大生二人が土俵に叩きつけられたようなものであった。

ウンヨンの天才ぶりが、テレビを通じて日本中に知れ渡った瞬間であった。

「放送直後、視聴者からの電話が殺到し、交換台はパンク状態だった」

と元電話交換嬢が懐かしげにいった。

「さすが二〇〇〇年に一人の天才」「人類の宝」「どんな教育をしたのか知りたい」「成長が楽しみだ。ずっと追跡して放送して欲しい」という声が圧倒的に多かったという。

放送終了後、矢野健太郎教授は次のように述懐した。

「ご両親は子供が正解するまで、ドキドキしていたでしょう。私もヒヤヒヤしていたんです。普通ならあんな問題、できません。絶対できません。たった四歳ですよ」

目も飛び出さんばかりの驚きようであった。

矢野教授といえば、国費留学生でフランスに渡り、論文（「非ホロノーム相対性理論」）を発表、それによりパリ大学から理学博士の学位を獲得。その論文がアインシュタインの目にとまり、前述の通り、プリンストン高等研究所でアインシュタインと二年間一緒だった、いわば超エリートである。

その矢野教授をもびっくりさせたのだから、ウンヨンはすごかったのである。

「これまでの天才は、まだ人間でした。でもあの坊やはもう人間ではありません。神才というべきでしょう」（教育評論家の霜田静志氏）

神才という言葉を作ってしまうほど、ウンヨンの天才ぶりにメロメロだったということだろう。

さて、番組の放送翌日の視聴率は三五パーセント（ビデオリサーチ）を記録した。これはフジテレビの年間視聴率第七位にランクされる数字であった。ちなみにこの年のトップは世界バンタム級タイトルマッチ（ファイティング原田vsカラバロ）の五七パーセントである（『フジテレビジョン開局50年史』より）。

こうしてウンヨンは新聞、週刊誌、月刊誌に次々と登場した。日本だけではなくアメリカのタイム誌も特集を組み、まさに韓国のアインシュタインと称されて、時代の寵児となっていくのだった。

ウンヨンの特集記事のタイトルをいくつか列挙してみよう。

「世界一の天才坊やを産んだパパとママの秘密」（『女性自身』）

「超天才児キムをこうして育てた」（『女性自身』）

「韓国の天才坊やは大学一年生」（『週刊サンケイ』）

「韓国からきた四歳のアインシュタイン」（『週刊朝日』）
「韓国から来た天才坊や」（『アサヒグラフ』）
「稀代の天才児を生んだ夫婦の秘密」（『週刊現代』）
など挙げればきりがない。
教育評論家の阿部進氏も、こんなコメントを寄せた。
「人間の脳細胞は二〇〇億回路もあるといわれています。ふつうの大人でも実際に活動しているのは、七〇〇〇万回路にすぎない。アメリカの科学宇宙局では五〇年後の人間は、現在の二〇〇〇倍の能力が要求されると電子計算機で算出しているくらいです。この子なんていわば五〇年後の人間能力の一つの姿だといえないこともありませんね」（『週刊現代』）

人類史の天才たち

天才といえば必ず名前が挙がるのが、ドイツ生まれのユダヤ人、アルベルト・アインシュタインである。

後頭部が異常に大きくて宇宙人みたいな格好だったとか、幼児の頃はなかなかしゃべることが出来なくて周囲を心配させたとか、様々なエピソードが残っている。

アインシュタインは、スイスのチューリッヒにあるスイス国立工芸学校を受験したが、失敗。原因は、数学は抜群であったが、それ以外は芳しくなかったらしい。

そこで、一年間スイスの高校で勉強して、つまり今風にいえば浪人をして、翌年なんとか推薦入学を果たしたのだ。

天才アインシュタインも受験に失敗とは……。しかもケンブリッジ、オックスフォード、ハーバードといった世界に冠たる名門大学でもない工芸学校を落ちるなんて、信じがたいことではある。

アインシュタインの場合は、一九〇一年の一年間の失業状態と一九〇二年から三年ほどの熟成期間を経て、爆発的な創造の年といわれた一九〇五年に繋がる。この年、特殊相対性理論、光量子の理論、ブラウン運動の理論の三つを同時に発表したのである。

つまり不遇な時間があってこそ、天才の花をパッと咲かせたともいわれている。

映画監督のチャップリンは自伝の中で、アインシュタイン夫人の話として次のように記している。

「アインシュタインはピアノを弾いたりしながらメモを取ったりして、そのまま書斎に閉じこもった。誰にも会わずに食事は書斎に運ばせて、二週間が過ぎた。ある日、真っ青な顔をして書斎から出てきて、〝さあ、これだ〟といって紙片をテーブルに置いた。それが相対性理論であった」

アインシュタインは改造社の招待で、日本に一か月余り滞在している。一九二二年というから関東大震災の一年前だ。日光の金谷ホテルには一二月五日付けのサイン（宿泊名簿）が残されている。

レジデンス（住所）の項はベルリン、ナショナルティ（国籍、国民）の項はユダヤ、エイジ（年齢）は四二、と記入されているが、実際は一八七九年三月一四日生まれだから四三歳だ。一つ年を少なめに記入しているのが、面白い。書体はわりと小さめで女性的である。

部屋番号は一五とあり、これはいまの三一五号室にあたる。私はこの部屋に足を踏み入れた。とはいえ泊まるわけではなく、アインシュタインと同じ空気感を味わいたかっただけだ。さすればIQが一〇ポイントはアップするかもと、子供だましの愚挙を体験したのだった。もっともこの行為は絵馬に祈願したり、合格グッズを買ったりというのと同じ心理であろうか。

さて、アインシュタインの他にも、世界には天才と言われる人物が存在する。

フランスの文豪、マルセル・プルーストは、窓という窓にコルクをはりつけて外部からの雑音を遮断し、あの大長編『失われた時を求めて』を執筆したという。並外れた集中力こそ天才の資質かもしれない。

トーマス・エジソンは「天才とは一パーセントの閃きと九九パーセントの努力（汗）」と述

べているし、哲学者カントは「天才は教育によってはつくられない」といった。つまり天然のダイヤモンドは、決して人工的方法では製造できないという意味であろう。

ウンヨンのようにIQ（知能指数）の数値が一五〇を越せば、天才という名称で呼ばれる。ウンヨンの記録したIQ二一〇は、計測不能という注釈付で、当時の世界最高であった。

ちなみに、二〇一一年九月現在では、アメリカのコラムニストで作家・劇作家のマリリン・ボス・サバント（一九四六〜）のIQ二二八が最高記録。

ただし、ウンヨンと単純に比較はできない。およそ四〇年前と今とでは、計測方法も多少異なっているだろうし、マリリンの受けたIQテストは、その内容によって結果がさまざま。たとえば、IQ一六七、一八六、二一八、二二八、二三〇で、『ギネス』ではそのうち二二八を採用している。

また一口に天才といっても、生前に評価されずに死後に評価される者もいる。

画家ゴッホ、作曲家シューベルトだ。また画家山下清のように知的障害でも風景に関して抜群の記憶を示し、それを芸術作品に仕上げる天才もいる。

ウンヨンの両親を口説き落とした「母と子のフジテレビ」

ウンヨンに話を戻そう。

ウンヨンを番組に引っ張り出した背景には、熾烈な争奪戦があったらしい。大野正敏プロデューサーによると、争奪戦に参加したのは〝民放テレビの老舗〟日本テレビ、〝報道の〟TBS。そして〝母と子の〟フジテレビであった。

「韓国にすごい神童がいると聞きつけましてね、半信半疑で韓国にいったんです。その子を見た瞬間、アレレと思いました。やはりテレビ局の人間ですからね。見た目を優先させる。すごい神童と聞けば、眼光も常人とは違い、何かギラギラしたものがあり、オーラも漲《みなぎ》っていると、勝手なイメージを持っていたんですけどね。でも、その辺にいる子と何ら変わらない。少々がっかりしました。ところが、その子の書いた詩を見てびっくり。今でも覚えています。〝本の中になにがあるか、字がある。字の中になにがあるか、宇宙がある〟という詩でした。この子がウンヨンくんでした」

大野プロデューサーはすっかり気に入り、即座に出演交渉。すんなりOKするものと思っていた。

だが、父親は、首を縦に振らなかった。別なテレビ局からもオファーがきている。ウンヨンにとって一番よい日本のテレビ局はどれか、よく見極めてから決めたいという返事であった。密かに他局を調査すると、状況は好ましくないようだった。

「ＴＢＳさんには、在日のディレクターがおりましたからね、こちらは不利です。なにしろ同胞の絆ですからねえ。手ごわいと思いました」

『フジテレビジョン10年史』によると、こう記されている。

「『万国びっくりショー』は日本で開かれる万国博覧会に先がけ、世界の国々から驚くべき特技の持ち主をフジテレビのスタジオに招いて、国際親善を深めることにより万国博をより一層日本の国際的行事として盛り上げようと企画された番組である」

その初回にウンヨンを引っ張り出そうというのであった。

日本テレビ、ＴＢＳに比べ、後発のフジテレビの特徴は、局のキャッチコピーである。

現在では毎年コピーは変わっており、ちなみに今年（二〇一一年）の場合は〝はみ出せ！飛び出せ！フジテレビ〟である。

当時、キャッチコピーは固定されていた。〝母と子のフジテレビ〟を強調して、ウンヨンの両親を攻めようと、スタッフは連日知恵を絞った。

が、ウンヨンの両親はそう簡単に首を縦に振らなかった。

両親を日本に招待し、フジテレビの局内を案内したあと、東京見物に連れて行くことになった。さあ、どこに連れて行くか。定番の東京タワーか浅草か。大野プロデューサーは、既にウルトラＣの場所を思いついていた。

それが神田神保町の古書街――。店が一六〇前後も軒を連ねる、世界ナンバーワンの古書街である。これには大学で教鞭をとっている両親、そして将来アインシュタインを目指すウンヨンも大喜びだったという。

「ウンヨンくんと手を繋いで古書店を見て回りました」

と大野プロデューサーは懐かしそうに目を細めた。

これが効いたのか、結局、ウンヨンの両親は、フジテレビの出演を承諾したのである。

一般的に、テレビのプロデューサーというと、肩で風を切り、いかにもデキる男(あるいは女)というイメージがつきものではあるが、大野プロデューサーの場合はまったく違った。いつも笑顔を絶やさず、しゃべり方も穏やかである。その人柄が、一歩先をいくTBSの〝同胞の絆〟を打ち破ったのであった。

「万国びっくりショー」を放送したフジテレビでは、その後、視聴者の要望に応えて、ウンヨンを二回番組に登場させている。

その一つは二年後の一九六九年元旦の正月特番「韓国の神童・金雄鎔」である。この時は三つ年下の弟、ジャンヨンと妹のイエヨンも一緒に出演した。ウンヨンは日本の印象を、

「日本人の考えはXの二乗で、することはXのマイナス二乗だ」

といった。

この意味は、日本人の思考と行動が一致していない、と言いたかったらしい。さらに「日本と韓国はどうしていけばいいか」の質問には、

「日本はH（水素）で韓国はO（酸素）です。水のように仲良く溶け合っていかなければいけない」

と答えた。

この年は、日本と韓国が国交を正常化して、まだ二年しか経っていない時であった。

漢字を読む一歳児

ウンヨンの両親のことについて触れてみよう。

ウンヨンの父親、キム・スーソンはソウル大学大学院を首席で卒業。ウンヨンがフジテレビに初登場した時は、漢陽大学の物理学の副教授であった。

一方、母親のユウ・ミンコウも同じ大学で保健学を教えていた。

この二人は奇しくも生年月日（一九三四年五月二三日）が同じで、血液型もともにA型。韓国では生年月日の同じ夫婦の子供に天才が生まれるという言い伝えがあるそうだが、まさにその通りであった。

両親の書いた『育児秘話』によると、結婚二年目の一九六三年三月七日、長男ウンヨンは、ソウル市特別区鍾路区武橋洞の病院で生まれた。出産時、全身を黒い毛でおおわれ、まるで熊の赤子のようだったらしい。体重二・七キログラムと平均の子よりやや小さかった。

なんとウンヨンは、生後三ヶ月でパパ、ママといい、八ヶ月でチェスを覚えたという。一〇〇メートルを九秒で走ったというのと、同じくらいの衝撃だ。

さらに『育児秘話』を繙《ひもと》くと、こんなエピソードがある。

「ある夜、一一時ごろ、戸を叩く音がしたので外に出てみると、一人の男が立っていた。男は名刺を差し出した。その名刺をウンヨンに見せると、『東亜日報社《トンアイルボサ》、記者《キジャ》、李庚植《イキョンシキ》』とはっきり読んでみせた。イ記者は言葉を失ったという。このことが一九六四年三月一二日付の東亜日報紙に掲載された。ウンヨンが世間に知られるキッカケとなったエピソードである」

満一歳の子供、いや、赤ちゃんが漢字を読んだというのだ。

これはもう一〇〇メートルを八秒で走った、といっても過言ではない。万一これを信用すれば、十人が十人にその人間性を疑われかねない。それほど驚愕的なことであった。

ウンヨンが生まれた時代

この時代の背景をざっと見てみよう。

ウンヨンが生まれた一九六三年は、日本の年号でいえば昭和三八年である。東京オリンピックの一年前で、まさに高度経済成長期の真っ只中であった。

この年、世界を震撼《しんかん》させたのは、第三五代アメリカ大統領、ジョン・F・ケネディがテキサス州ダラスを遊説中、暗殺されたことだ（一一月二二日）。アメリカ大統領としては四人目の犠牲者（未遂を除く）であった。

アメリカがベトナム戦争（六三年から始まったという説と六五年からという説がある）に突入していったのもこの頃である。

国内では、戦後最大の誘拐といわれた「吉展ちゃん事件」が起きている（三月三一日）。マスメディアを通じて犯人の声が全国放送され、これがきっかけで事件発生から二年三ヶ月ぶりに犯人が逮捕された。テレビ、電話の急速な普及による、情報化社会の幕開けでもあったのだ。

子供たちのスーパーヒーロー、いや日本人のヒーローであったプロレスの力道山が暴力団に襲われたのもこの年だ（一二月一五日死亡）。

街では舟木一夫の「高校三年生」や坂本九の「見上げてごらん夜の星を」、三波春夫「五輪音頭」、梓みちよの「こんにちは赤ちゃん」の歌が流れていた。

テレビではアニメ「鉄腕アトム」、五社英雄監督の大型時代劇「三匹の侍」（以上フジテレビ）、NHK大河ドラマ「花の生涯」、「底抜け脱線ゲーム」（日本テレビ）、「ルーシー・ショー」（TBS）などが人気であった。

またボーリングブームで、さわやか律子さん（中山律子）の華麗なフォームが多くの男性の心をキュンとさせたのもこの頃である。

そして、日本と韓国とにはまだ国交がなく、二年後の一九六五年一二月一八日に日韓基本条約が発効し、両国の国交が正常化する。

二年後の国交正常化をひかえて、ウンヨンの出現は、韓国を宣伝するには格好の素材だった、といえなくもない。その頃の古い日本人の中には、韓国人に対していささか偏見を抱いていた人もいた。ウンヨンの日本デビューは、「韓国人は日本人より優秀なんだぞ」というアピールにもなったかもしれない。

ある日本人がこう呟いているのをいまだに鮮明に覚えている。

「ウンヨンと勝負できる日本人は、今はいない。探すとすれば、ざっと一〇〇〇年以上も遡らなくてはならない。それは一〇人の言葉を同時に理解できる聖徳太子だけだ」と。

三歳で出版した『星にきいてごらん』

ウンヨンが三歳になると、さらにその天才に磨きがかかり、母国語はもちろん、英語、ドイツ語を自由に操るようになる。もうこうなると、一〇〇メートルを七秒で走ったというより、空中を飛んだという比喩の方がいいかもしれない。

韓国の大手出版社から『星にきいてごらん』(徽文出版社)を処女出版したのも三歳の時である。古今東西を見渡しても、この年で著作を上梓したのは他に例がないであろう。

もうしばらくウンヨンの桁外れなすごさを覗くことにしてみよう。

『星にきいてごらん』の内容は「日記」「童詩」「作文」「手紙」そして両親の「育児秘話」という構成になっている。「童詩」ではこんな文章だ。

「クリスマスはXの字、教会のなかは十の字、クリスマスの日はXの字を書き、人々は首に十字をかける。だから世の中を十(プラス)しないでX(掛ける)しなければならない。そうすれば、世の中に光明がやってくるでしょう」

「いま、ぼくたちの国は分数計算みたいなもの、いま、ぼくたちの国は少数計算みたいなもの、だけど分数と少数合わさってひとつの自然数になります。南北統一万歳」(林啓訳)

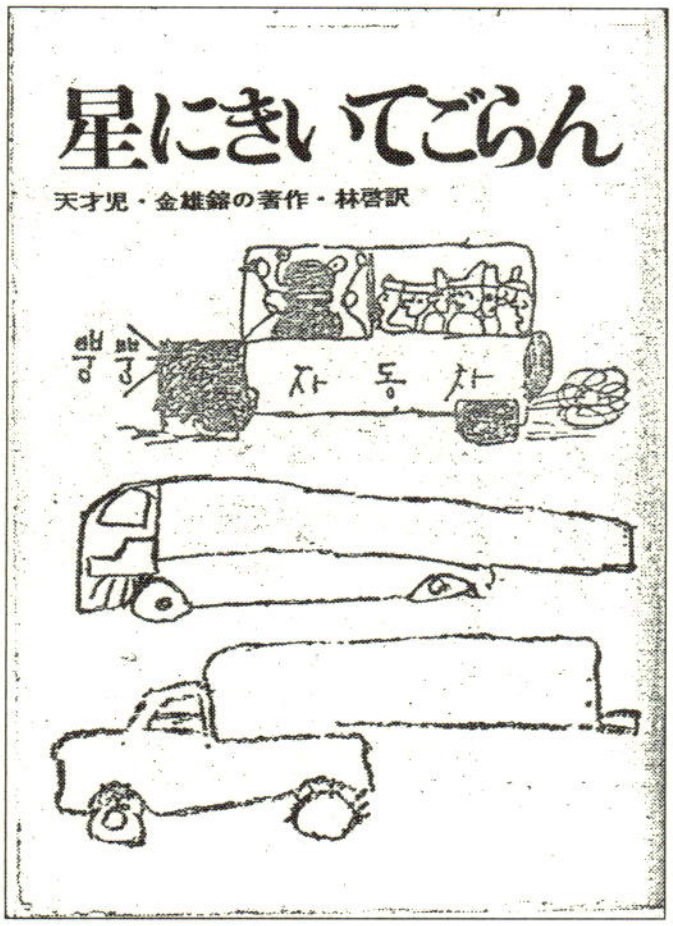

ウンヨンが３歳で上梓した『星にきいてごらん』の日本語翻訳版

ウンヨンの著書は韓国で一〇万部以上も売れ、ベストセラーとなった。やがてこのスーパーヒーローの評判は日本に伝わり、さきのテレビ出演となったわけである。

ウンヨンのIQ（知能指数）について父親は、「育児秘話」の中で次のように書いている。

「ウンヨンが二歳の時に受けた知能検査では二〇〇という驚くべき数値が出た。そして一九六六年六月一二日に行ったアメリカの専門家のIQテストで、周囲を驚愕させた」

ウンヨン、三歳三ヶ月の時であった。この数値はイギリスに本部を置く「ギネス」に伝えられ、前述の通り「キム・ウンヨンの場合は測定不能で、その結果IQ二一〇と認められた」と記されることになった。

歴代天才のＩＱ順位・脳重

ＩＱとは、アメリカのスタンフォード大学のルイス・ターマン（一八七七―一九五六）教授が採用したもので、その算出方法は精神年齢を暦年齢で割って、それに一〇〇をかけたものである。精神年齢と暦年齢が等しい場合、ＩＱは一〇〇であり、これは平均的知能ということである。ＩＱ一六〇以上は一万人に一人しか出ないといわれる天才児。

ＩＱは生活環境によって大きく変わるとされている。一般に、僻地に住む生活者はＩＱが低いといわれ、一九三二年の研究では、アメリカのワシントンＤＣ西部のブルーリッジに住む子供を対象に知能検査を行ったところ、山の麓《ふもと》の子供のＩＱは七六〜一一八だったが、山間部の子供はＩＱ六〇〜八四だったという。

近年では、知能指数の高低は必ずしも客観的に人の知力を数値化できないという見方が有力で、これは検査年齢や状況、出題傾向、ＩＱテストに対する慣れなどによって結果に大きな差が出るからだといわれている。それだけにＩＱに固執する風潮は、なくなっているのが現状ではある。

あくまで参考のために、これまでに出現した二八二人の天才の幼年時代の知能指数を調べた

名前	IQ
J・S・ミル	190
ゲーテ	185
ライプニッツ	185
パスカル	180
モーツアルト	150
バイロン	150
メンデルスゾーン	150
ヘーゲル	150
ディケンズ	145
ヘンデル	145
ガリレオ	145
ミケランジェロ	145
ワーグナー	135
ベートーベン	135
レオナルド・ダ・ヴィンチ	135
バルザック	130
ニュートン	130

コックスの研究結果（一九二六年）の一部を紹介しよう。知能検査のない時代に生存したこれらの天才たちの知能指数は、伝記などから幼少のころの行状（たとえば三歳でラテン語を覚えたとか）を調べて推定したものである。

トップにランクされたのは、三歳でギリシャ語を習い、シェークスピアの文学を暗誦したといわれるJ・S・ミルである。ミルはイギリスの哲学者・経済学者で、著書に『論理学体系』『経済学原理』『女性解放』などがある。学校へは行かずに厳格な父親に教育されたという。

ランク二位がドイツの作家・詩人・哲学者・科学者のゲーテ。一〇歳になるかならぬうちに、七ヶ国語の言葉で物語を書いた。そして六〇年間かけて『ファウスト』を書き上げた。ほかに『若きウェルテルの悩み』がある。

余談ではあるが、このゲーテは必ず教科書に載っている世紀の文豪である。ところが、別の側面では、七二歳の時に一九歳の娘に求婚。まったく悪びれたところがなかったという。「きれいな花はどれもこれも自分で摘んでみたい」とゲーテ自身書いており、その創作の原点は女性であったようだ。

その点、ゲーテは天才・ピカソと同じといえそうだ。

芸術家は一般に異性と付き合う数は多いものだが、ピカソの場合は半端じゃなかった。なにしろ道端であった一七歳の女性に一目ぼれ、強引に口説き落としてしまう。

見たわけではないが、まさに電光石火の早業だったらしい。当時ピカソは四五歳。三〇歳近くも歳下の、まだ少女の面影が残る相手に「ぼくたち二人で素晴らしいものが生み出せる」と情熱的に迫ったというのである。

この結果、ピカソはその女性の肉体を絵画に反映させ、芸術作品に仕上げたのである。

一般人なら美しいものを見れば、「なんて綺麗だ」で終わってしまう。だが、ピカソは違った。匂いを嗅ぎ、触り、調べる、さらにそこに手を加えていく。まさにあらゆる物に喰らいつくスタイルであったらしい。

ランク四位はフランスの数学者・物理学者・哲学者・思想家のパスカル。「パスカルの原理」や「パスカルの三角形」を発見し、「人間は考える葦である」という言葉はあまりにも有名である。

もっとも天才といわれる者の中でも、どちらかといえば才能を開花させたのが遅い、いわば大器晩成型もいる。フランスの作家、バルザックである。イギリスの作家、サマセット・モームをして「確実に天才とよぶにふさわしい人物」といわしめている。バルザックは、三五歳頃の『ゴリオ爺さん』から名を成し始めた。その後『谷間のゆり』『従妹ベット』を著したのは四七歳の時であった。さらにフランスの社会史を形成する壮大な『人間喜劇』を構想したが、五一歳の時に亡くなり、中絶している。

『デカメロン』を書いたイタリアの散文作家、ボッカチオも三〇歳過ぎから素質が開花した天才である。

さて、ここで脳重についても触れておこう。脳重とは脳の重さである。

一般的に日本人の男子平均は一四〇〇グラム、女子平均は一二五〇グラム。ヨーロッパでも一三〇〇～一四〇〇グラムというからほぼ一緒である。ちなみにチンパンジーは四五〇グラム。頭の大きい人、つまり脳重の数値が高い人は頭がいい、と昔はいわれていた。

たとえばドイツの詩人シラーは一七八五グラム、ロシアの作家ツルゲーネフは二〇一〇グラム、イギリスの詩人バイロンは一八〇七グラム。ドイツの哲学者カントは一六〇〇グラムと、平均より高い。

とはいえアメリカの詩人ホイットマンは一二八二グラム、フランスの作家アナトール・フランスは一〇一七グラムしかない。

科学者ポールブローカーは、軽い脳は年寄りだったり、小柄だったり、あるいは保存状態が劣悪だったりするからだと説明していた。

頭脳ゲームの囲碁の世界では、かつて頭の大きい子供を全国から探しスカウトしていたという事実もある。その一人が二〇代前半で名人・本因坊のタイトルを獲得したI棋士である。I棋士は木谷実門下で、子供の頃は〝バケツのような〟大きな頭をしていたという。このエピソードは、「頭の大きな人はやはり頭がいい」という神話に、さらに信憑性を与えたものである。

ちなみに日本では作家夏目漱石の脳重は一四二五グラム。日本初のノーベル物理学賞の湯川秀樹は一三七〇グラム。天才作家といわれた三島由紀夫は男子平均とほぼ一緒だったという。『バカの壁』の著者で医学博士の養老孟司・東大名誉教授は、「脳の大小と頭の良し悪しは関係ない。また脳の皺も関係ない。これは一定の容量の頭蓋骨に沢山の脳を入れるために、くしゃくしゃに納めるから皺になるだけ。たとえば新聞紙を小さな箱に入れるのと同じ」と断言している。

天才になる方法？

ここで、昨今話題の右脳についても触れてみよう。

アインシュタインは七六歳で亡くなったが、その時に脳を調べた。すると左脳より右脳の方がよく発達し、大きかったという。これはアインシュタインだけではなく、天才といわれる人たちに共通した現象らしい（『大脳の一個優位性』ノーマン・ゲシュウインドー、アルバート・ガラバーダ著）。

これは何を意味するのか——。

天才の特徴は記憶力ではなく、ひらめきと創造性である。いくら左脳をみがいても、ひらめきや創造性は出てこない、というのだ。

右脳が一般に知られるようになったのは、一九八〇年に『右脳革命』（ブレークスリー著）に続いて、翌年には、カルフォルニア工科大学のロジャー・スペリー教授が、右脳の研究でノーベル賞を受賞してから注目されるようになった。

これを受けて、「右脳を鍛えれば、だれでも天才になれる可能性がある」という学者も出はじめた。たとえば教育学博士の七田真氏は、「瞑想、呼吸、暗示、イメージなど催眠を取り入れた方法で右脳を鍛えればいい」と提唱する。

もっともこれに異を唱える人もいる。

右脳を鍛えても意味がない、右脳より前頭前野を鍛えろというのは、医学博士の川島隆太氏である。前頭前野は前頭葉にあり、才能の器であり閃きもここから生まれるというのである。それにはズバリ読書が効果的だと述べている。

また、脳に届く運動情報は足から二五パーセント、手から二五パーセント。それに比べ顎からは、なんと五〇パーセントだという。だから咀嚼《そしゃく》力は脳にいいというわけである。

神奈川歯科大学の斉藤滋教授によると、弥生時代の卑弥呼は、一食あたり三九九〇回噛《か》んでいたという。見たわけではないのにどう調べたのか、定かではないが、徳川家康の場合は一四六五回、それに比べ現代人は六二〇回にまで激減してしまったという。理想では一口に三〇回、少なくとも二〇回は噛むと、脳に良いと斉藤教授は指摘する。

また、脳が元気になる食事とは、まず朝飯をしっかりと食べること。脳のエネルギーとなるのはブドウ糖なので、朝飯にはご飯やパンなどブドウ糖に変換できるものを摂取するとよいという。成人の脳が一日に必要とするブドウ糖は六四〇キロカロリー。ご飯を茶碗で三杯ほどだ。脳が活発になるのは、食後三〇分からだといわれる。

さらに、「歩くことは最良の薬である」といったのは、古代ギリシャの医師ヒポクラテスだ。

アメリカのイリノイ大学のアーサー・クレイマー博士らが、歩くことで前頭葉が活発になるのを実証した。アメリカのアルツハイマー協会では、「脳を守る十の方法」の一つとして、一日三〇分以上歩くことを挙げている。

日本での最後のテレビ出演

ウンヨンに話を戻そう。

兎にも角にも、ウンヨンのＩＱ数値は、これらの歴史上の天才たちをも遥かに凌駕していたのである。

ウンヨンの父親が息子のために、建国大学に天才児童教育研究所を約五〇万ドルの予算で設立したのは、一九六九年のことだった。これに伴い、両親も漢陽大学から建国大学に移った。この研究所にはウンヨンのほかに弟のジャンヨン、そしてまだ一歳の妹、イエヨンも入所させた。彼ら兄弟のほかには誰もいなかったらしい。それだけに、建国大学のある教授は、「父親の私的機関」と決めつけ冷ややかであった。

ウンヨンが再び日本のテレビにお目見えするのは、フジテレビの番組「三時のあなた」である。この番組の司会者で女優の久我美子は韓国に渡り、ウンヨンにインタビューした。一九七一年八月二三日のこと、ウンヨン八歳の時である。

久我美子といえば、年配の人はご存知であろうが、華族の家柄。父は侯爵で貴族院議員である。学習院女子中等科在学中に映画デビュー。黒澤明監督『酔いどれ天使』、五所平之助監督『挽歌』、『また逢う日まで』では岡田英次とのガラス越しのキスが話題となった。まだキスのアップがタブーになっていた頃だった。そのほか『ゼロの焦点』と数々の話題作に出演した気品のある名女優である。

彼女はウンヨンに接した印象をこう語っている。

「私は天才というから、ネクラの子供を想像していたけど、そうでもありませんでした。こちらの質問にもハキハキ応えてくれました。『部屋に閉じこもって勉強ばかりしていて、遊びたくないの』と聞くと、『遊びは大好きです』と応える。『で、どんな遊び?』と聞くと、『詩を作って遊ぶ』というの。その場ですぐ詩を書いてくれました。内容はもう忘れたけど、ともかく難しい詩でした。凡人の私には理解できませんでした」

当時、ウンヨンの家はソウル市城東区郊外で、三DKの平屋であった。

家屋は長年の雨や塵《ちり》で薄汚れており、中古住宅といった趣であったという。庭の片隅には漬物の樽が三、四つ置かれてあった。庭に面した八畳ほどの広さの部屋がウンヨン専用の勉強部屋であった。

座机の上には書物が整然と並んでいた。見ると皮表紙の分厚い本が数冊。ドイツ語で書かれた書物であったが、番組スタッフが見ても内容は難解すぎて分らなかったという。

そしてこの「三時のあなた」を最後に、ウンヨンはなぜか日本のマスコミから姿を消した。幼児教育者たちは、その後のウンヨンの消息を追った。なにしろ二〇〇〇年に一人の天才だから、格好の研究材料である。たとえば、世界の天才児を研究している聖和大学の黒田実郎教授や、ＰＬ女子短期大学の木村美喜雄教授もウンヨンの追跡調査を試みようとしたが、消息が分らず断念している。

やがてウンヨンの話題は人々の脳裏から忘れ去られていったのである。

大韓航空２７１２便がテイクオフしてから、まもなく三〇分が経過しようとしていた。乗客は一二〇余名。キャビンアテンダントは一〇名ばかりいた。

ベージュのスーツに身を包んで首にネッカチーフを巻き、髪の毛に蜻蛉《とんぼ》のようなデザインのリボンを挿していた。そのうちの一人が乗客の赤ちゃんを抱っこし、あやしている。まだ二〇歳を一つか二つ越したぐらいのキャビンアテンダントであった。ウンヨンは現在、四八歳である。あのお嬢さんと同じ年齢の子供がいても、決しておかしくはない、などと勝手に想像していた。

高度は一万二一九二メートル。時速六五九キロと備えつけのモニターは表示していた。

キャビンアテンダントが乗客に機内食を配りはじめた。ミニトマト、コーン、ツナ、グリンピースのサラダ、ピクルス、チキンとライスであった。隣の外国人女性はペロリと平らげてしまった。

私も銀紙に包まれたチキンを取り出して、口の中に放り込んだ。

小窓から日が差し込んでくるので半分、シャッターを下ろし、二十数年前のことを思い出していた。

第2章

1983年秋、ウンヨン21歳

ギネスブックからウンヨンの名前が消えた

今から二八年前のある日、暇つぶしに一九八三年度版の『ギネスブック』を流し読みしていると、ＩＱ項目に別人の名前が載っていたのに気がついた。オーストラリア・クインズランド州のクリストファー・フィリップ・ハーディングと南アフリカ・ケープタウンのポルガフング・イエンゼンの二人で、共にＩＱ一九七。

人類史上最高、ＩＱ二一〇のキム・ウンヨンの名前が消えていたのだ。

『ギネスブック』をさかのぼって調べると、ウンヨンの名前は八一年度版から削除されていたことがわかった。削除の理由は記されていなかった。

私はウンヨンを番組に引っ張り出した大野正敏プロデューサーを訪ねた。すでにフジテレビから関連の「フジ音楽出版」へ異動し、その会社の代表になっていた。顎をちょっと突き出し笑みをたたえた穏やかな雰囲気は変わらなかった。ウンヨンの情報を話すと、

「まったく知りませんでした。もう二一歳になりますか。どうしているのかな。元気でいるのかな」

と笑顔は消えて、いささか心配顔となった。

そして私が「ちょっと（ウンヨンを）調べてみます」というと、「お願いします」と、大野さんは私の背中を押してくれたのである。

なぜウンヨンが『ギネスブック』から消えたのか。IQ二一〇の記録が破られていたわけではない。

なぜだろう——。

私は事情を知るために、ロンドンの『ギネス』本部に問い合わせのFAXを流した。

そしてウンヨンの情報を知るために、東京港区の大韓民国大使館を訪ねた。応対に出てきたのは眼鏡をかけた温厚そうなチュン・イルヒョ公報官。

「キム・ウンヨン？　その人、誰ですか。韓国の神童？　知りませんね」

まったく反応がない。そこで、もう少し詳しく説明すると、

「ああ、そういう子おりましたね。ずいぶん評判になった子でしたね。もう二一歳ですか。今、どこで何をしているのか、わかりません。政府が個人の生活に干渉するわけにはいきませんからね」

と、素っ気無い返事であった。

〝韓国のアインシュタイン〟〝韓国の宝〟といわれたウンヨンだが、どこで何をしているのか、全くわからないというのは、不思議といえば不思議であった。

まもなく、ロンドンの『ギネス』本部から、モイラ・F・ストア副編集長の署名で手紙が届いた。内容は「彼の名前を削除した」というだけで、特に理由は触れていなかった。

ウンヨンを探す旅、第一弾

ウンヨンの八歳から二一歳までの空白の一三年間について、日本では情報をつかめず、結局私は韓国へ行くことにした。会社から有給休暇をもらい、私が日本を飛び立ったのは、一九八三年九月二〇日のことであった。

最初に訪れたのは、建国大学であった。目的はウンヨンの父親に会うことであった。父親に会ってウンヨンの近況を聞こうというわけである。

ソウル特別市の中心街から東に約一〇キロ。近くには子供大公園があり、緑豊かな閑静なところであった。

大きな石造りのゲートをくぐり抜けると、やがて左手に校舎が見えてくる。かつてこの大学に、ウンヨンのための天才児童教育研究所が設立されたが、いまはどうなっているのだろうか、と思いつつ教務課に行った。

父親はこの大学の物理学部長になっていた。が、生憎《あいにく》不在であった。仕方がないので教育学部長のキム・ジュンクュ教授に聞いた。

「もう一〇年以上前にあの組織（天才児童教育研究所）は自然消滅しました。理由はわかりません。彼（ウンヨン）が今どこで何をしているか、わかりません」

――ウンヨンのことで父親に尋ねたことありますか？

「そんなことできません。かわいそうで……ビッグミステリーです」

〝かわいそう〟で〝ビッグミステリー〟とは、どういう意味なのだろうか。さらに質問をしても、口を噤《つぐ》んで何も応えなかった。

ウンヨンの身に何かが起こったことだけは確かである。それは一体、何なのか――。

私が次に訪れたのは、ウンヨンの本を出版した徽文出版社であった。李明徽《イ・ミョンヒイ》社長と崔相徳《チェ・サントク》主幹に出版の経緯を聞くためであった。

ところがイ社長は、一年前に五四歳の若さで病死。チェ主幹は数年前に退社し、成均館大学に移ったと知らされた。その大学に問い合わせてみたが、チェという人物はすでに在籍していないという返事であった。

歳月の重みがずしりと感じられた。

ウンヨンを初めてマスコミに登場させたのは、前述した通り、東亜日報のイ記者である。

イ記者がウンヨンに取材したのが一歳の時だから、もう二〇年も前のことである。連絡をとると、イ記者は退社していた。が、すぐ消息はわかった。政府公報部文化弘報調査室長になっていた。

連絡をとってコメントを求めると、「長い間、ウンヨンと接触してないので近況は知らない」と秘書を通じての返事であった。

その後、いくつかの新聞社をあたってみたが、「ウンヨンの近況は知らない」と判で押したような応えしか返ってこなかった。

ウンヨンの一三年間の空白部分を埋める作業は、なかなか大変なことであった。通訳同行の取材ではあったが、言葉の壁だけでなく国民性の違いも感じられた。

「子供の話は今したくない」

が、それにしても二〇〇〇年に一人の天才、あるいは奇跡児と騒がれたウンヨンが、今どこで何をしているのか、韓国のマスコミが知らないというのも甚だおかしなことであった。

さらに調べていくと、父親が取材拒否をしているということがわかった。

当時、確たる情報がないためか、かえってウンヨンを巡ってさまざまな噂《うわさ》が飛び交っていたのである。

アメリカの大学院で勉強している。自宅に監禁されている。さらに精神病院に入院中だ。果ては死んだのでは――という噂まで飛び出る始末であった。

韓国メディアのほとんどがウンヨンの取材を断念していたなかで、一人だけウンヨンを執拗に追跡していた記者を見つけた。ソウル新聞社週刊局次長の朴安植《パク・アンツキ》記者である。週刊『サンデーソウル』の記者歴一三年のベテランであった。

早速、通訳を同行してパク記者と会った。

パク記者は『サンデーソウル』誌に「天才・キム・ウンヨンのその後」という連載を企画、父親に取材を申し込んだという。一九七九年二月、ウンヨン一五歳の時であった。パク記者がいう。

「ウンヨンくんは今どうしていますか、と質問しますと、お父さんの顔がサッと青ざめましてね。うろたえるではありませんか。そしてポツリと〝子供の話は今したくない〟といいました」

パク記者が粘って追及すると、父親は「子供はアメリカで勉強している」と応えたという。

――アメリカのどこですか?

「いやアメリカではない。イギリスだ。イギリスの天才教育の特別学校だ。弟のジャンヨンと一緒に勉強している。弟の方がウンヨンよりＩＱが高い。妹のイエヨンも天才です」

――イギリスの何という名前の学校ですか？

「その名前は教えられない。イギリス人の家庭に寄宿させている」

こんな問答が繰り返されたという。

「ウンヨンのことを聞けば聞くほど、ますますわからなくなってくるんです。まるで霧の中に入っていくような感じでした」

と小柄なパク記者は述懐した。

父親の狼狽《ろうばい》振りは一体、何を意味するのだろうか。

パク記者の頭を掠《かす》めたのは「ウンヨンはもう天才ではない」というものであった。

それでもパク記者はウンヨンの実態を掴《つか》むために、父親との接触を続けたのだった。接触すること二ヶ月余り、ようやく父親は固い口を開いた。

「天才の子供を持った親は苦しい。いつも世間から注目されている。私たち両親は二四時間ウンヨンのことを心配している。ウンヨンは今、素粒子理論の研究をしている。近いうちに世間をあっと驚かす、すごい発表があると確信しています。そうなれば独占スクープさせるから、今はウンヨンの取材をやめて欲しい」

こう父親はパク記者に訴え、結局、取材は中止された。

まもなく、世間をあっと驚かすことが、起きたのであった。

が、それは父親の予想した内容ではなかった。

ウンヨンが再び世間を騒がせた理由

一九八〇年度韓国大学入学資格の体力テストが、ソウル市内の永勲高校で実施された。受験者三〇〇人。そのうちの一人にウンヨンがいたのである。母親のユウ・ミンコウに付き添われて世間に姿を見せたのは、一〇年ぶりのことであった。

身長一六五センチ。体重五五キロ。髪はスポーツ刈りで短く、白のスポーツウエアを着ていた、左の胸には顔写真付のIDカードをつけている。顔はやや青白く、見るからに病弱そうであった。

テストは一〇〇メートル競走、懸垂、ボールの遠投など五種目である。ウンヨンの一〇〇メートル競争のタイムは、一五秒八であった。続いて行われたボールの遠投は、四五メートル。懸垂は二回しかできなかった。

その結果、ウンヨンは一〇〇点満点で三一点であった。体力テスト終了の直後、ウンヨンは母親と共に建国大学の父親の研究室に直行したのである。

「ウンヨンが泣きながら私の部屋に飛び込んできたので事情を聞くと、一〇〇メートル競走の

79/9/12

평범한 少年 이된 「神童金雄鎔군」

── 뜬소문10여년만에 大入體力章참가

大入検定試験에 下位合格

외톨이로…나이비해 체구 작고허약

父母는 "서울大거쳐 西獨유학 계획"

10여년만에 체력장검사장에 모습을 나타낸 金雄鎔군.

“神童” ウンヨンが下位で大検に合格したことを伝える新聞記事（1979 年 9 月 12 日付『東亜日報』）

テストの時、マスコミのカメラマンがフラッシュをたき、そのためいつもの力が出せなかった。懸垂の時もカメラマンのフラッシュを受け、手を鉄棒から離してしまった」

と父親は後日、東亜日報の柳根珠《ユウ・クンジュ》記者に語っている。

ウンヨンは一九七七年度の高校入学資格検定に合格、その二年後に大学入学検定試験も受験していたのである。その時の成績は次の通りであった（一科目一〇〇点満点）。

国語：六〇点　英語：六〇点
社会：六〇点　地学：六二・五点
音楽：六四点　美術：九二点
商業：四八点　体育：八〇点

ウンヨンの平均点は、六五点であった。

この結果、合格者、二七六三人のうち、ウンヨンは二四二〇番目であった。下位で辛うじて合格したのである。

この結果を受け、韓国メディアはこぞって、「ウンヨンは天才から凡才になった」と報道したのだった。と同時に、親の教育方法が間違っていたと指摘する学者もコメントを寄せた。

たとえば、李花女子大学の李相琴《イ・サンクム》教授は、ウンヨンが三歳九ヶ月の時、ソウル市中央教育研究所でメンタルテストの際に立ち会った人だ。

「テストの合間にウンヨン君はそばにあった灰皿に手を伸ばそうとしました。すると、両親は厳格に注意したんです。彼は普通の子供と同じように遊びたかったのです。でも親は許さなかった。天才といえども普通の子供と同じように人生を楽しむ権利があります。そういう権利を奪ってただ家の中に閉じ込めておく。私は再三あの両親に忠告しました。でも頑として受け付けなかったのです。

ウンヨン君がダメになれば、間違いなく両親の犠牲《ぎせい》です。ウンヨンくんの著書（『星にきいてごらん』）の中に、大統領になりたい、科学者になりたい、といっています。大統領になろうが科学者になろうが、人間として家の門から外へ出してもらえず、部屋の中で生活する環境から開放してやりたいものです」

イ教授はウンヨンの成長過程を追跡しようと試みたが、両親に拒否されたという。

早期教育の功罪

ウンヨンのような早熟の天才と言われる人は、たまさかマスコミに登場する。前述のJ・S・ミルとかゲーテだけではなく、たとえば――。

アメリカのW・J・サイディスは六歳の春、普通に小学校に入学した。その日の朝九時に一年生であったが、正午に母親が迎えに行くと、三年生に飛び級していた。そしてその年に小学校を卒業。年が足りないといわれ七歳で中学校に入れてもらえず、自宅で勉強した。やがて一一歳でハーバード大学に入学。一五歳で卒業した。

また、ノーバート・ウィーナーという少年はサイディスより早く、一〇歳でタフト大学に入学。一四歳で卒業した。そしてハーバード大学院で哲学博士になったのは、一八歳の時であった。

ドイツのヴィッテという法学者は八～九歳でドイツ語、フランス語、イタリア語、ラテン語、英語、ギリシャ語の六ヶ国語を自由に使いこなし、物理学、化学、数学も抜群で、九歳でライプニッツ大学の入学試験にパス。一四歳で哲学博士、一六歳で法学博士、そしてベルリン大学の教授となったという。

サイディスもウィーナーもヴィッテも父親が大学教授、というのがウンヨンと共通している。これら早熟の天才たちは、ほとんどが父親による早期教育を受けている。

その一方で、早期教育に反対する教育者は昔からいた。たとえばミルもゲーテもヴィッテらの父親も当時、早期教育の反対論者から非難を受けているのである。

ではなぜ、早期教育に反対するのか。

それは詰め込み、押しつけが子供の健康に害があると考えるからである。『早期教育と脳』の著者で東京女子医科大学の小西行郎教授によると、

「早期教育は将来の見返りを期待する投資であるから、投資に見合う効果が現れなかった場合、親の子供に対する期待が失望や怒りに変わる可能性がある。その結果、子供を追い込み、やがて子供は体調不良で不登校になることもある」

という。

ここで超早期教育の体験者が成人となっているケースを紹介しよう。仮にA子さんとする。

A子さんは熱烈な早期教育論者の母親の手で、生後一ヶ月から本の読み聞かせを受け、一歳の頃には家中に貼り付けた漢字カードを、たとえば柱時計なら「時計」、障子なら「障子」といった具合に覚えさせられた。そのかいあって、四歳ですでに方程式をやってのけ、周囲を驚かせた。

早期教育にさらに磨きがかかり、小学校入学前には微分・積分をマスターしたという。小学校一年生にして、国語も数学も高校三年生修了時の課程を終え、大学入試共通一次の試験問題もスラスラと解いてみせ、大人たちをあっといわせた。

まさに母親の努力が実を結び、人も羨《うらや》む天才少女になったのである。

A子さんが小学校二年の時の作文には、

「少しでも人類の役に立ちたい。もっともっと勉強をがんばります」

と書いていた。A子さんの将来は、測り知れない可能性が開けていると誰もが思っていた。ところが彼女に、思いがけない蹉跌《さてつ》が待っていたのである。

中学二年の頃から同級生とのコミュニケーションがうまくいかなくなり、不登校になってしまった。その上、家庭内暴力も目立ちはじめた。いわゆる〝無気力症候群〟に陥ってしまったのである。

「燃え尽きた」挙句に〝引きこもり〟となり、結局、大学にも進学しなかった。

A子さんが天才児と呼ばれていた当時を知る、ある教育関係者はこう振り返る。

「小学二年の作文を読んで、これは危ないと思ったことがあります。もっと勉強しなくてはならないという自分を追い詰める、いわば脅迫観念を感じたからです」

「小学二、三年までは成績は一番でした。中学生になった今はほとんど最下位。小学校に入る前に、あれだけ覚えさせた百人一首や俳句は、ひとつも覚えていません。中学生に上がった頃から勉強させられることに反発しだして、いまでは母親に殴りかかっていきます。あの頃の早期教育はまったくムダで、逆に子供の脳をダメにしたんじゃないかと気にしています」

とは父親の弁である。

これは極端な例かもしれないが、嫌がる子供を半ば強制的に教え込むのはよくないことであろう。叱り飛ばし無理やり教える。幼い子にとっては、いかばかりのストレスか。

天才教育——身近な例から

私事で恐縮だが、甥《おい》が中学三年の時、高校進学をめぐり担任と意見が対立した。

甥は公立R高校を受験したいというが、担任は、八〇パーセント無理、だからJ高校を受けろという。結局、私立をおさえて、ダメモトでR高校に挑戦した。

その結果、合格者約四〇〇人中ビリッケツでなんとか滑り込んだのである。ついて行くのが大変だと周囲はみな心配したが、当人はダメモトで合格したのだからダメモトで頑張ると、さばさばといってのけた。もともとビリッケツだからそれ以下には落ちようはなく、そんな気楽さもあったかもしれない。

二年生になると中学時代の秀才たちが、ばたばたと成績が落ちてくる。代わって甥は順位を上げた。順位があがれば勉強も楽しくて仕方がない。三年生の夏休みには千葉大合格の偏差値まで上がった。さらに勉学に熱がこもる。

同級生にSくんという、とんでもないが男いた。彼は中学生の頃、先生の間で天才といわれ、間違いなく東大に入れると太鼓判を押されていた。

風体もちょっと変わっていて、女の子みたいに髪の毛を背中まで伸ばしていた。授業中は先生の話をほとんど聞かず、いつもマンガ本ばかり読んでいた。

なにしろ勉強しているところなど見たことがない。それでいてテストになるといつも満点であったというから、実にイヤな奴である。

三年生になると甥はそのSくんに追いついてきた。Sを抜いてやると、甥は一日八時間の猛勉強。そして二学期ではついにSを追い抜き、学年トップになったのである。

卒業した直後、甥はこういったものだった。

「ビリで入学してトップで卒業するのは、気持ちいい～」

その後、甥はSくんとともに東大の理Ⅰに現役で合格した。甥は理Ⅰから進振り（専門課程）で理学部物理学科に進み、卒業後大学院修士課程を経て今は特許庁に勤めている。

なぜ特許庁を選んだかと聞くと、アインシュタインも特許庁に勤めていたからと甥は笑って応えた。

ちなみに中学時代、天才といわれたSくんは現在、何をやっているか定かではない。名前をネット検索してみても何も出てこないからだ。社会で表立った活躍はしていないということがいえるかもしれない。

Sくんのように、あまり勉強をしないのに、抜群に勉強が出来る子の話を稀《まれ》に聞くことがある。彼らは確かに秀才だろうが、天才というのは早計だ。Sくんの中学時代の先生たちは、あまり深く考えずに、〝天才〟という言葉を軽く使ったものであろう。たとえば、三歳でアルファベットがいえるから「うちの子は天才」と母親がいうのと同じ類であろう。

さて、甥の母親が回顧していう。

「小学生、中学生の頃に全力疾走してきた秀才たちは、息切れしたんでしょう。その点、息子には余力があったと思う」

甥は小学生の頃は、学校の勉強をあまりしなかった。もちろん塾も行かなかった。むしろゲーム、といっても囲碁や将棋、オセロといった頭脳ゲームをやっていた。ウンヨンもフジテレビに来た頃、つまり四歳か五歳ごろ、囲碁をやっていた。大きな碁盤の前で沈思黙考するウンヨンの姿がグラビア写真として掲載されたりもした。

甥は結果的に脳の運動をしていたから、脳の筋肉をつけていたのかもしれない。頭脳ゲームのほかに、読書をよくしていた。たとえば『ガリバー旅行記』とか『宝島』、宮澤賢治の『銀河鉄道の夜』など興味のある本を好んで読んでいたのである。

再び甥の母親がいう。

「ビリッケツで高校に入学してトップで卒業した息子を考えると、〝できる子供に育てるには〟三つの要素が必要。一つ目は夫婦仲がいいこと、二つ目は強い脳を作る頭脳ゲーム、三つ目は読書」

夫婦仲が悪く、離婚などでゴタゴタしている家庭の子供は、勉強どころではない。家庭が平和かどうかは、子供の脳にも影響があるのかもしれない。

フジテレビのK氏の話を紹介しよう。東大文学部出身のK氏は、局内ではジャリタレ（小学生、中学生タレントを指す業界言葉）の勉強をみる係としては、局内随一といわれた。優しい人柄が子供タレントから人気であった。たとえば木村拓哉の奥さん、工藤静香や、今は女優で大活躍している仲間由紀恵などの勉強の面倒をみたのである。

その評判に上司の一人から、「息子の勉強をみてやってくれないか」といわれ、K氏は引き受けた。ところが、その子供は、あまりにも出来が悪かった。結局、東京でも偏差値がかなり下位のA高校を受験したが、落ちてしまったのである。

「あの家庭は当時、離婚問題で揺れていた頃ですから、勉強なんて頭に入らなかったんでしょう。私が勉強をみた中で、唯一、失敗したケースです」

とK氏は苦笑した。

さて、力強い脳を作るには、朝飯はきちんと食べなくてはダメだと甥の母親はいう。今の時代、朝飯を作らない母親は珍しくないだけに、これは大事なことではある。

そのほかにサッカーや野球などスポーツをやっている子供は、肉体の発達とともに脳の発達も上昇するのかもしれない。

ところで、早期教育で伸びる子もいれば潰れる子もいるだろう。一番大事なことは、その子に合った教育を、保護者がしっかりと見極めることではないか。

なにしろ十人十色だから、人のやったことを真似ても成功するとは限らない。

「うちの子供は〝できる〟のにやらないから、つい感情的になってしまう」という話はよく聞く。どの親も〝親ばか〟である。わが子をできるだけ客観的に冷静に観察するのは、とても大切なことであろう。

さて、早期教育反対を唱えている人たちは、口をそろえて子供の健康問題をあげるが、教育学者の木村久一氏は早期教育を実践した天才たちを例にして反論する。

ゲーテ（享年八三）、J・S・ミル（同六七）、ヴィッテ（同八三）。サイディスやウィーナーも健康で社会で活躍している。ミルの六七歳は現代では長生きとはいえないが、約二〇〇年前と考えれば、決して短命ではない。

早期教育といえば、習い事を思いつく。たとえばピアノは五歳、ヴァイオリンは三歳から始めなければ、決して一流にはなれないといわれる。また囲碁・将棋もそうである。二〇歳すぎて必死に囲碁を勉強したとしても、絶対といっていいほどプロには勝てない。

天才の道を歩ませる

ウンヨンに話を戻そう。

落ちた天才などと嬉しくないレッテルを貼られたウンヨンの父親は、東亜日報の記者を呼びつけて反論したのであった。ウンヨンの大学入学検定の成績結果をうけて、こう言った。

「テストの成績だけをみて天才かどうか判断するのは、早計です。誰もが認める天才、アインシュタインも大学入試に失敗しています」

「息子は受験準備もまったくしないで、テストにのぞみました。白紙の状態で自分の力を試したいといってました。ですから、あえて得意科目の数学、物理を外して商業や地学を選択して受験したのです」

東亜日報のユウ記者に対して父親はなおも続ける。

「天才は一度マスコミに出ると、その天才性を維持していくのは、きわめて難しい。息子は幼い時から牛乳のコマーシャルのモデルにされたり、手や足の紋の写真を撮られたりしました。こういうことは、まったく教育に関係ありません。それどころか、時間の無駄です。ある日、アメリカのタイム誌の人が家にやってきてウンヨンを雑誌で紹介したいというのです。彼らは息子をあちこちに連れまわし写真をとりまくりました。ちょっとした弾みで息子は転び、目の下に傷をつくってしまった。親にとっては息子の写真がアメリカの雑誌に載るのは、ありがたいことです。しかしその反面、とても辛い。世間では息子を利用して金儲けをしていると中傷されました。天才の子供を持つ親の苦しみは他人には理解できないでしょう」

父親はさらに続ける。

「日本のテレビに出演したあと、私はウンヨンを連れてアメリカのコロラド大学に行きました。しかしその大学には天才の教育機関はありませんでした。韓国には飛び級制度はありません。息子のための相応しい学校はなかったのです。ある意味、息子は法律の犠牲者です。結局、息子は自宅で勉強させたわけです。といって家に閉じ込めていたのでもありません。週に一回は外出させました。スケート、サイクリング、ハイキングや人の大勢集まる市場にも行かせました。親戚の結婚式、葬式にも参加させました。偽名を使って友達とも付き合うようにさせました。世の中と接触するチャンスを持たせるように育てました。

教育学者は人間を育てるのには自然な状態が最善というが、息子には当てはまりません。天才には天才の教育方法があるからです。大学教授の立場からいえば、息子は一般の大学生よりもずっと頭の回転が早い。ソウル大学に合格したら西ドイツに留学させます。息子は〝核物理学〟という研究テーマを持っていますから、きっと近い将来、世界をびっくりさせる研究発表があると私は確信しています。親の気持ちとしては、〝平凡な幸福〟から遠のくことは、息子にとっては残念なことでしょう。しかし天才の道を歩ませるためには仕方ありません。そのために、私は今後も最善を尽くしてサポートします」

父親はわが子の天才を頑《かたく》なに信じているふうであった。が、それにしてもウンヨンの将来について、ソウル大学に入学させるとか、〝平凡な幸福〟の道を閉ざし、〝天才の道〟を歩ませるとかいっている。そこにはウンヨンの意思がまったく感じられない。

さらに、ウンヨンが〝核物理学の研究テーマ〟を持っている、ともいっている。これとても、物理学者の父親の意思では、と首を傾げたくなる。後述するが、ウンヨンは長じて、物理学の世界から土木工学の世界へと転向しているのである。

いずれにしても〝親の傲慢〟〝親のエゴ〟を覚えるのは、私だけであろうか。

私も人の親である。親であれば、子供の意思を尊重して好きな道を選ばせ、選んだら、親としてできるだけサポートしようと思うのだが、いかがであろうか。

このインタビューから五年が経っても、ウンヨンがソウル大学に入学した形跡はなかった……。

"嘘も方便"

舞台は再び一九八三年の九月に戻る。

パク記者との面会を終えた私は、いったんソウル市内のホテルに戻った。ウンヨンの両親の連絡先を調べるためであった。

フロントから電話帳を借りた。たぶん電話は父親名義であろう。ウンヨンの父親、キム・スーソンの名前を探そうとページを捲《めく》った。が、ほとんどハングル文字で漢字が見当たらない。同行の通訳氏に代わりに探してもらった。するとソウル市内で同姓同名が十名いたのである。果たしてこの中にウンヨンの両親はいるのだろうか。この際、片端っぱしから電話をかけるしかない。ウンヨンの両親は日本語ができると事前に大野プロデューサーから聞いていたので、日本語でトライした。

「キム・スーソンさんのご自宅でしょうか?」

こちらの日本語が通じず、電話を切られた。ということは別人か。これ以降もなかなか会話は続かなかった。相変わらず相手から素っ気なく切られるばかりだ。見かねた通訳氏が電話をとり、韓国語で聞いてみた。が、別人といわれた。

不安が募る。電話の名義が違うかもしれない。あるいは自宅がソウル市内ではないかもしれない。それとも電話がないのか。いや大学の物理学部長の家に電話がないことなど考えにくい。それに自宅がソウル市外でもなかろう。

もしかしてウンヨンの取材を察知して無視したのだろうか。それとも日本語を忘れてしまったのか、などと様々な考えが次から次へと浮かぶ。

ところが、八人目の時である。

「キム・スーソンさんのご自宅でしょうか？」

「はい、そうです」

と女の声が返ってきた。キターッと私の心は躍った。

「ユウ・ミンコウさんですか」

とたたみかけた。

「はい、ワタシがユウ・ミンコウです」

と日本語で応えた。ウンヨンの自宅だ、と確信した。私の胸が高鳴った。通訳氏が電話口に

顔を近づけてくる。受話器を握り直して、

「ウンヨンくんのお母さんですね」

と確認すると、電話の声が、パタリと止まってしまった。しかし私はなおも言葉を続けた。

「ウンヨンくんの、そうですすよね」

とたたみかけた。が、返事がない。このまま電話を切られてはおしまいである。なんとか電話をつなぎとめなくてはならない。

「旦那さんは建国大学の学部長さんですね」

「はい、そうです」

と再び声が聞こえた。一〇〇パーセント間違いない。ウンヨンの母親だ。

「お母さんに会いたいのです。日本のテレビに出たウンヨンくんは元気ですか」

「ウンヨンのことはいいです」

と再び電話を切るような口ぶりであった。

「ちょっと待ってください」

と私は縋《すが》るような声で、咄嗟《とっさ》に嘘をついた。「嘘《うそ》は泥棒の始まり、絶対にいけない」と亡きおふくろに言われて育ってきた私である。が、この時ばかりは、〝嘘も方便〟のことわざを使った。

「大野さんからお土産を預かっています。お母さんにお渡ししたいのです」

「オオノ……」

と怪訝な声が返ってきた。

「そうです。大野正敏プロデューサーです」

「オオノ……。オオノさん」・

と母親は何度も呟いた。

「そうです。ウンヨンくんをつれて神田の神保町を案内した、フジテレビの番組プロデューサーです」

私は心の中で、「思い出してくれ」と祈る気持ちであった。すると、

「ああ、オオノさんですか。わかりました。思い出しました。では、明日午後七時に家に来てください」

とユウ・ミンコウは応えたのであった。

大野プロデューサーの名前は、効果抜群であった。韓国メディアも絶対会えないというウンヨンの母親にアポがとれたのだ。私は通訳氏と手をとりあって喜んだのであった。

天才の数奇な運命

イタリアの精神医学者、ロンブローゾによると、

「典型的な天才の家系の特徴は、天才以外には天才と称される人物は出現しない」

という。

天才の家系は、一つの立派な花を咲かすために、多くのムダ花をつくる木に似ている、というのだ。たとえばゲーテ、ベートーベン、バイロン等々……。

ゲーテの場合は、父は定職を持たず、晩年は精神に異常をきたしていたらしい。ゲーテの兄弟五人のうち三人は子供の時に亡くなり、六歳まで生きた弟もわがままな性格異常児であったらしい。大人まで生きた妹は精神病であったという。

ゲーテ自身も五人の子供があったが、生きたのは一人だけ。その子供もアルコール中毒で四一歳のときに亡くなっている。

日本の芸能界に目を転じてみれば、〝昭和の歌姫〟美空ひばりは、誰もが認める天才歌手である。フジテレビのあるディレクターが述懐してくれた。

「スタジオでひばりさんの歌を生で何度も聞いたが、ほかの歌手と全く違う。空気をぶるぶる

と振動させて歌が伝わってくるんだ。天才というほかない」

ひばりは四人姉弟の長女だが、上の弟は暴力団に足を突っ込み、何度も警察沙汰を起こし、下の弟は酒に溺れ、世間を騒がせた。ともに四二歳の若さで亡くなっている。一歳下の妹も五四歳で歌手デビューしたが、ぱっとしなかった。

「天才はムダ花をつくる」の伝で倣っても、美空ひばりは、れっきとした天才なのである。

作家で都知事の石原慎太郎氏も、

「私の中で天才は二人。一人がひばりちゃん。もう一人は田中角栄（元首相）。ともに品格はない。だから大衆に人気があった」

と公言している。

さて、飛びぬけた能力を持つ天才たちは、長い人類の歴史のなかで社会の発展や文化の創造に貢献してきた。が、その反面、凡人には到底考えられない行動もみられる。

たびたび登場させて草葉の陰のゲーテさんには申し訳ないが、ゲーテは一般に文豪で知られているが、二四歳の時、人の婚約者であった女性に熱烈にアタック。死ぬの生きるのとスッタモンダしたらしい。その結果生まれたのが、名作『若きウェルテルの悩み』である。

そして街の花売り娘を見て一目ぼれ。猛烈にアタックして結婚した。それでおとなしくしていられないのが、ゲーテさんである。その後もいろいろな女性と浮名を次々と……。

その結果、作品も続々と生まれた。さすが天才である。名作『ファウスト』の中で、「薔薇《ばら》を見たら詩を作れ」「林檎《りんご》を見たら齧《かじ》りつけ」と書いている。薔薇も林檎ももちろん女性のこと。

繰り返しになるが、七二歳の時に、なんと一九歳の女性に真面目にプロポーズした、というのだ。おじいさんになっても、ゲーテはすごかったわけだ。

ま、欲望があっても行動に移せないのがわれわれ凡人であろうか。

奇行といえばフランスの作家モーパッサンの場合は、「私の体には宝石がある」、だから「トイレにいくと宝石が流れてしまう。もったいないからいかない」というエピソードが今に残っている。もっともこれはコカイン、エーテル、モルヒネ、ハシッシュなどの麻薬を用いたせいで、異常な行動になったといわれているが。

哲学者ニーチェも奇特な行動をして、一一年間も病院生活ののちに亡くなっている。前出のロンブローゾによると梅毒に冒されたのが原因としている。

フランスの象徴派詩人、ランボーの天才は文学史上の奇跡といわれている。文学的生涯はわずか三年だが、残した二五〇〇行の詩と同じくらいの散文詩が彼の名を不朽にしたのである。子供の頃から早熟でラテン語にすぐれ、親にとっては自慢の息子であったらしい。

が、青年期になると神経質で怒りっぽく、乱暴（ランボー）であったらしい。

病的な強迫観念にもとらわれた。やはり天才といわれる詩人のヴェルレーヌに、自作「酔いどれ船」を送ったことから親しくなった。家族を捨てたヴェルレーヌと一緒にフランスを去り、ベルギーで暮らした。

その後、ヴェルレーヌとの生活にあきたランボーは、自由な行動を宣言したことがきっかけでヴェルレーヌにピストルで撃たれてしまう。幸い命には別状はなかった。天才が天才をピストルで撃ったとは前代未聞、今ならワイドショーで大変な騒ぎであったろう。視聴率もたっぷり稼ぎ、社員に金一封も出たかもしれない。

ところで犯人のヴェルレーヌは二年間の刑務所送りであったが、その間に書いたのが『言葉なき恋歌』である。このあたりが天才の天才たる所以であろうか。

さて、その後ランボーはアフリカに渡り、土木事業の監督をしたりした。ランボー自身「同じ場所に生きているのは不幸だと常に思う」と書いているが、結局エチオピアに定住した。フランスに帰り、結婚しようとしたが、三七歳の時に悪性腫瘍で脚を切断、その数奇の一生を終えた。

凡人にはない、〝陰〟の側面もあるのが天才の特徴のひとつかもしれない。

大野プロデューサーのおかげで……

母親とアポがとれたので約束通り翌日、〝大野プロデューサーのお土産〟を求めてソウル駅付近を探した。

何がいいだろうか。日本からの土産を持ってきたように装うのは時間の無駄だし、煎餅みたいなものは、歯の悪い人には失礼になる。結局、無難な餡子《あんこ》の入ったお菓子を選んだ。

そしてタクシーを飛ばして、ウンヨンの母親が住む自宅へと向かったのである。

ソウル特別市の中心街から南東に約一二キロ。近くに漢江《ハンガン》が蛇行している。高層マンションが立ち並ぶ一角に、ウンヨンの両親の住む高級マンションが聳《そび》えていた。

一階の受付から連絡すると自動ロックが開錠となった。次いでエレベーターに乗った。このマンションは、まるでホテルのような豪華な雰囲気が漂っていた。

二〇〇〇年に一人の天才といわれた人物にまもなく会えるのか。二一歳の彼はいかなる若者になっているのだろうか……。

いや、昨日の母親の電話の応対ではウンヨンと会うのは難しいかもしれない。たとえ家に居たとしても、ウンヨンをどこかに隠して会わせてくれないだろう。

では、ウンヨンの弟と妹はどうか。弟は一八歳。妹は一六歳のはずだ。ウンヨンと似て二人とも天才といっていたが、どういう人物になっているか……などあれやこれやと考えていた。エレベーターは五階で停まった。不安と期待が交互にやってくる。通訳氏を同行せず単独であったのも不安を増幅させた。

大野プロデューサーの〝土産〟だけを受け取り、門前払いされたら……とか、部屋にも入れてもらえず、ウンヨンの情報をほとんど教えてもらえなかったら……などとマイナスイメージばかりが頭を掠めた。

五階には人の声すら聞こえなかった。廊下を一歩一歩進み、指定された部屋へと向かった。そして五〇二号室の前に立った。

緊張が走る。大野プロデューサーの言葉だけを伝えればいい。ウンヨンくんはどうしているのか。元気なのかどうか。それだけで十分だ、ヘンな詮索《せんさく》はやめよう、そう思ってブザーを押し、名前を名乗った。

どうぞという声がして、ドアが開かれた。玄関には中年の女性が立っていた。ウンヨンの母親、ユウ・ミンコウであった。天才を産み、育てたご褒美《ほうび》に「偉い母賞」を受賞（一九六八年）したこともあるという。ベージュのワンピースを着て眼鏡をかけていた。中肉中背で化粧気はなかった。五〇歳という年齢よりもやや老けて見えた。

ともかく心配した門前払いだけは避けられた。母親は再びどうぞ、と部屋に上がれという仕草をした。私は丁重に頭を下げて靴を脱いだ。

一二畳ぐらいはあろうか、ゆったりとしたリビングにはソファ、テーブル、ピアノ。飾り棚の上に花瓶があり、白と黄色の花が活けてあった。

塵ひとつ落ちていない整頓された四ＤＫである。高級感の漂《ただよ》う雰囲気であった。

だが、子供たちの声はまったく聞こえなかった。午後七時といえば一家団欒《だんらん》の時間ではなかろうか。それが物音一つ聞こえないのだ。

玄関を上がって左手が父親の書斎である。父親は出張とかで、またしても不在であった。

壁中が書棚になっており、物理学関係の本がぎっしり。書斎の中央に机があり、書きかけの原稿が山積みされていた。この部屋で母親に話を聞くことになった。

先ずは自己紹介をしたあとに、大野プロデューサーのお土産と称してお菓子を渡した。

母親は一瞥してすぐ脇に置いた。

「オオノさんは元気ですか」

と母親の方から聞いてきた。

「とっても元気です」

と応えて大野プロデューサーから預かっていた名詞を差し出した。母親はそれを手に取り、しみじみと見ていた。

「今もテレビで番組作っているのですか」

「いや今は違います。関連会社の社長さんになっています」

「そうですか。偉くなったんですねえ」

と懐かしそうに目を細めた。タイミングを見て質問した。

「ところでウンヨンくんはお元気ですか」

「ウンヨン？　息子のことはもういいです」

と俄に顔が曇《くも》った。すぐ話題を変えた。

「すごい本ですね」

「はい。主人のものです。主人が書いた本も多いです」

と母親は話題にのった。

表紙を見ると漢字で読めた。たとえば、「流体力学」「熱管理学」「物理学概論」「標準大学物理学」「熱管理技士四週間完本」など著書は三〇冊を超えているようだ。

さすが、ソウル大学大学院を首席で卒業しただけはあると思って、将来は学長候補と聞きましたが、というと、母親は初めて顔を崩した。

「そうなんです。あと数年で（学長に）なるでしょう。いまも原稿書いているんです」

と立ち上がり、ほら、見てくださいといわんばかりにこちらを誘ったのだ。そばに近寄り、机の上の原稿を覗いた。ハングル文字で意味はわからなかったが、すごいですね、というと、

「初めて私たちが日本に行った時は、主人の著書は一冊もなかったんですけど」

といって母親は顔を崩した。

仲がいいんだな、とその時の印象であった。天才や秀才の育つ環境は、まず夫婦仲がいい、というのが条件の一つかもしれない。

母親はちょっと、といって席を立った。まもなく紅茶をもって現れた。このもてなしも大野プロデューサーのおかげである。

少しは気分がほぐれてきたと感じて、再びウンヨンに関する質問をした。

「今はウンヨンを静かに見守ってください」

「この家にウンヨンくんはいるんでしょうか」

「……いません」

母親の顔が再び曇った。

私は紅茶を一口飲んで、周囲の気配に神経を集中させた。ウンヨンが部屋のどこかに隠れて

いるかもしれない。それは子供の頃の〝かくれんぼ〟を思い出させた。押入れの蒲団の中や机の下、カーテンの陰に潜み、見つけると〝ミッケ〟といって遊ぶ。私は部屋中を隈《くま》なく探し、〝ウンヨン、ミッケ〟といってみたい衝動に駆《か》られた。

だが、勝手に部屋中を探し回ることなど無論できるわけない。

「ウンヨンくんと一緒に住んでいないのですか」

と紅茶を二口飲んだあとに聞いた。

「住んでいません」

「どこにいますか」

「……」

「ウンヨンくんに会いたいのですが」

「それはできません」

「どうしてですか」

「どうしてもできません」

と語気が強くなった。

「弟さんや妹さんは?」

「今はいません」

とさらに語気が強かった。

母親の顔は次第に怒りを含んだ不快な顔色になっていった。私は再び〝切り札〟の大野さんの名前をもち出した。

「大野プロデューサーのお使いで、ウンヨンくんが元気かどうか、見てきて欲しいといわれたもので」

「ですからウンヨンは元気といったでしょう。そう伝えてください」

これ以上問い詰めても無理だと判断、しばし黙っていると、母親は言葉を続けた。

「いろいろ周りがうるさいものですから。さっきもいったようにウンヨンにとって大事なことは静かに勉強することです。今は主人の姉の家で勉強しています。私たちは、ウンヨンと離れて生活していますが、心配はしていません。もう子供ではありません。二一歳です。年に二回は帰ってきます。その時は私たち家族と一緒に過ごします。ですから今はウンヨンを静かに見守ってください」

このマンションにはウンヨンを除いて二人の子供と四人暮らしだといった。

時計は午後八時五分をさしていた。この家にお邪魔して一時間が過ぎていた。

「今病気なんです。インスリンの注射を打つ時間です」

と母親にいわれた。私がカメラを向けると「写さないで」と断られた。で、書斎をバックに

ウンヨンの母ユウ・ミンコウに撮ってもらった筆者の写真（1983年秋）。ウンヨンの父親の書斎にて

（私を）撮ってくれますかと頼むと、母親は引き受けてくれた（実は母親から撮ってもらったこの時の写真は、二〇数年後に極めて重要な役割を果たすことになる）。

私は、挨拶を交わしてマンションをあとにした。帰りのエレベーターの中で、甘い菓子を持参したことにちょっぴり後悔した。

ウンヨンは普通の子供のように学校教育は受けてはいなかった。小学校、中学校、高校に一度も通ったことがない。同年齢の子供たちと一緒に勉強した経験がない。四歳の時、漢陽大学の聴講生の体験があるくらいだ。それも期間はせいぜい半年足らず。ほとんど両親の監視下で自宅にこもって孤独の勉強に明け暮れていたのである。

「彼（ウンヨン）は確かに才能があった。しかし親の教育方法が間違っていた」（李花女子大学・

イ・サンクム教授）

「一番怖いのは、学習と称するものに早く引き込んで文化習得の期間の短縮を狙ったり、また学歴社会の競争を乗り切らすために、開発をしようとすることによって一見、一時は能力が開発され、知的促進がなされたかにみえながら、他方で学習態度の形成をつぶしてしまうことです。これに比べれば、遊びほうけた子供が学習にのれないでいる方がずっと始末はいい場合も多い」（聖心女子大学・岡弘子教授）

私は父親のいう、「近いうちにウンヨンはびっくりするような発表がある」という言葉がいささか気にはなったが、これとて、親バカの類だろうと判断した。

韓国メディアが報道したように、やはり、ウンヨンは凡人になってしまったかという思いを強くしたのだった。

「そうでしたか、ウンヨンくんは凡人になりましたか」

結局、私はこれ以上ウンヨンを追う必要はないと、韓国を後にしたのだった。

日本に帰国すると、矢野健太郎・東京工業大学名誉教授の自宅を訪ねた。すでにアポはとっていた。

若き日にアルベルト・アインシュタインと二年間一緒に研究した矢野教授の自宅は、東京北区上中里にあった。華麗なキャリアを誇る矢野教授にしては、割と質素な日本家屋であった。矢野教授は脳血栓で倒れ、駒込病院に入院中とのことであった。が、この日は一時帰宅していたのである。

私は六畳ほどの応接間に通された。この時、矢野教授七一歳であった。入院中の身であっただけに、顔色も余りすぐれず、話をするのも辛かったろうと思われるが、ウンヨンのその後はやはり気になるらしく、取材に快く応対してくれたのである。

私は八歳から二一歳までの空白の一三年間をかいつまんで説明した。うん、うんと聞いていた矢野教授であった。そして口を開いた。

「早熟な天才はおうおうにして凡人になってしまうケースがありますからね。あのテレビ出演したときは、すごかったですけどねえ」

といって黙り込んでしまった。

私はそのあと、大野プロデューサーへ報告に行った。

現在、フジテレビはお台場にあるが、当時はまだ新宿河田町であった。局社から外に出て道路を挟んだ向い側に富士学院のビルがあった。その二階が大野プロデューサーのいる「フジ音楽出版」のオフィスであった。

ウンヨンの情報を一通り聞いたあと、大野プロデューサーの顔から、いつもの笑顔が消えた。窓の外に目をやりながら、ちょっぴり寂しそうな顔を覗かせた。遠い昔、ウンヨンの手を繋いで神保町の古書店に入った楽しい日々を思い出しているのだろうか――。大野プロデューサーは窓から顔を戻して、

「そうでしたか、ウンヨンくんは凡人になりましたか。昔のことわざは生きているんですね」

とポツリと洩らした。

――十で神童、十五で才子、二十歳すぎれば、只の人……。

第3章

2011年春、ウンヨン48歳

ウンヨン、再び

二〇一一年三月、私は神田神保町を歩いていた。とある新刊書店に入ると、〝脳〟関連のコーナーがあった。

最近は一種の〝脳〟ブームである。テレビ番組も〝脳〟をテーマに取り上げたりしている。一九九六年一二月八日付けの朝日新聞によると、国が二兆円の予算をとって脳の研究を始めたという。この報道がきっかけとなり、やがて脳ブームがおき、脳科学者がもてはやされるようになった。

私はふと、ウンヨンを思い出した。彼はいま何歳になるだろうか。頭の中でざっと計算してみた。ウンヨンは四八歳……になっているはずだ。

もう立派なおじさんではないか。家庭があり社会人として幸せに暮らしているだろうか。それとも……。ちょっぴり気になりはじめた。

そういえば大野プロデューサーが、ウンヨンを神保町に連れてきたことがあったのを思い出した。どの店に入ったのであろうか。

靖国通りに沿って古書店がずらりと軒を並べている。神保町でもっとも古い老舗「一誠堂」。

私もよく行く田村書店、三島由紀夫資料が豊富な小宮山書店、八木書店、玉英堂と並んでいる。

ウンヨンが入った古書店を捜した。そしてそれらしい書店を見つけたのである。

大野プロデューサーがウンヨンと手をつなぎ、両親も喜んだという古書店は、老舗の「一誠堂」の道路を挟んだ隣の「明倫館書店」であろう。なぜならこの古書店は、神保町では自然科学を専門に扱っている店としてトップクラスだからだ。

中に入ると、物理関係の本が日本語だけではなく英語の原書やドイツ語の原書でびっしりあった。物理関係の人なら、いかにも喜びそうな店である。店内には客が数人いた。

地下一階地上六階のビルである。店員は若く、ウンヨンのことを聞いても知らないだろう。なにしろ四四年も前のことだ。

私は古書の匂いを感じつつ、大野プロデューサーと手をつないで見て回ったウンヨンのことを想像しながら、店内を一巡したのだった。

私は自宅に戻り、ネットを立ち上げてキーワードを入力した。

あっと驚いたのである。

それは韓国の中央日報の記事の一部であった。ウンヨンが世界の知性の仲間入りをしたというニュースであった。

記事の内容をかいつまんで読む。

누가 그를 실패한 천재라 했나

60년대 신동 김웅용씨 '세계의 지성'에 올랐다

3대 인명사전 모두 등재

'1980년판 기네스북 세계 최고 지능지수(IQ·210) 보유자' '5세 때 4개 국어를 구사하고 6세 때 일본 후지TV에 출연해 수학 미적분을 척척 풀어낸 신동'.

60년대 세상을 떠들썩하게 했다가 한동안 세인의 관심에서 멀어졌던 '천재소년' 김웅용(43·충북개발공사 보상팀장·사진)씨.

그가 올 들어 세계적으로 권위 있는 3대 인명사전에 모두 이름을 올리면서 '세계의 지성'으로 인정받게 됐다.

김씨는 최근 미국인명연구소(ABI)의 '21세기 위대한 지성(Great Minds of the 21st Century)'에 선정됐다. 앞서 올 상반기에는 미국 마퀴스 세계 인명사전(Marquis Who's Who in the World) 23판과 영국 케임브리지 국제인명센터(IBC)가 선정하는 '21세기 우수 과학자 2000'에 잇따라 이름이 올랐다.

그는 또 영국 국제인명센터(IBC) 토목·환경공학 분야의 '올해의 국제교육자'로 뽑혔고, 이 센터 종신 부이사장으로 선임돼 아시아를 대표하게 됐다. 이 단체로부터 11월에 국제공로훈장도 받을 예정이다.

김씨는 4세 때부터 7세까지 청강생으로 한양대에서 물리학을 공부했다. 8세(70년) 때는 미국 우주항공국(NASA) 초청으로 미국 콜로라도 주립대 대학원에서 석·박사 학위 과정을 수료했고 74년부터 5년간 NASA 선임연구원으로 일하기도 했다.

그러나 그는 78년 갑자기 미국 생활을 접고 귀국한 뒤 81년 지방대인 충북대에 입학하는 바람에 항간에서는 '실패한 천재'로 불리기도 했다.

김씨는 그러나 "함께 어울릴 수 있는 또래도, 친구도 없이 NASA가 주는 과제를 수행하는 쳇바퀴 같은 인생에 질려 돌아왔을 뿐"이라고 설명했다.

인간다운 삶을 사는 보통사람으로 돌아가고 싶어 지방대를 택한 게 '실패한 천재'처럼 비쳤다는 것이다.

그는 충북대에 입학해 전공을 토목공학으로 바꿔 박사 학위까지 받았다. 국토환경연구소 연구위원으로 일하면서 연세대와 충북대 등에서 강의도 했다. 이런 바쁜 일상 속에서도 김씨는 국내외 각종 학술지에 치수와 수리학 분야 논문 90여 편을 게재하면서 자신의 진가를 서서히 알리기 시작했다. 그러고는 마침내 올해 세계 3대 인명사전에 모두 자신의 이름을 올린 것이다.

올 7월부터 충북개발공사에서 일하고 있는 그는 "천재소년이라는 딱지 때문에 스트레스를 너무 많이 받아 왔다"며 "평범하게 살면서 다른 사람들처럼 순수하게 학문과 업무적으로만 평가받고 싶다"고 말했다. 그러면서 "나를 별난 존재로 보지 않는 인간적인 동료들과 함께 하고 싶은 일을 할 수 있어 만족스럽다"고 덧붙였다.

청주=김방현 기자
kbhkk@joongang.co.kr

ウンヨンが「世界の知性」に選ばれたことを報じる新聞記事（2006 年９月８日付『中央日報』）

「ウンヨン氏は国土環境研究所の研究員を務めながら、延世大学や忠北大学で講義を行うなど多忙な中で、国内外の学術紙に、水理分野などの論文およそ九〇編を掲載。その結果、世界的な人名辞典に名前を載せた」

というのだ。

水理分野というのは、水理学のことで、これは一言でいえば、水の流れに関する力学を研究する学問である。

「ウィキペディア」によると、河川工学、海岸工学、水道工学、水資源工学、防災工学などの基礎となっている学問で、かのレオナルド・ダ・ヴィンチは『水の運動と測定』を書き、開水路流れなどに対して科学的な考察を加えたり、定性的ではあるが、「流れの連続式」を初めて明示し確立させた、という。水理学は水の物理的挙動を対象とした学問だという。

記事をさらに読むと、

「国立忠北大学に入学後、専攻を土木工学に変え、博士学位を受けた」

というのだ。

そしてウンヨンは、世界で最も権威のある人名録ＡＢＩ（アメリカン・バイオグラフィカル・インスティチュート）の『二一世紀の偉大なる知性』（Great Minds of the 21st Century）に選ばれたという。しかも二〇〇六年九月八日付けの記事で、五年も前のことであった。

ウンヨンは凡人になったと思い込んでいた私は、頭の中が真っ白になるほど驚かされた。頭の中では、韓国の片田舎で世を忍び、チマチマと生活しているものと想像していたからである。

早期教育で失敗したウンヨンは、家庭ももたずに相変わらず老いた両親の庇護のもとで、ダークな生活に明け暮れていると、実に勝手なイメージを作り上げていたのだった。

そのイメージが一気にぶっ飛んでしまった。

一九八三年に韓国を訪れ、その結果を「天才少年も凡人になった」という内容で、当時、私は週刊誌に発表したのである。父親の「いつかびっくりする発表がある」のコメントも、親バカの類として意に介さずその後のフォローもしなかった。

その夜、耳元に何者かの声が聞こえてきた。

マスコミなんて書きっぱなし、垂れ流しだ――。

翌日になってもその闇の声は消えなかった。

よし、もう一度ウンヨンを追ってみよう。自分の書いた記事を訂正する責任もある。そんな感情が沸き起こってきたのだった。

早速、中央日報の日本支社を訪ねた。東銀座にある中央日報は時事通信ビルのなかにあった。事前にアポをとっていたので、長身でイケメンの申《シン》課長が応対してくれた。

シン課長は、ウンヨンの記事のことだけではなく、ウンヨンそのものも知らなかった。もっとも知らないのも当然だ。四四年前のことなど、三十代（に見えたが）のシン課長が知るはずはないのだから。

シン課長は記事を書いた記者の連絡先と新聞のコピーを、後ほど送るといった。

韓国の教育事情――受験塾・大学進学率No.1

ウンヨンの卒業した忠北大学校はソウル市より南東に約一三〇キロに位置し、忠清北道清洲市にある国立大学である。この地域は韓国の中でも忠・孝・礼といった徳目を尊ぶ気風が強いといわれ、教育文化都市でもある。

忠北大学校を中心として国立清州教育大学校、私立の清州大学校を含めて、幼稚園・小学校・中学校・大学院合わせて二一四校あり、約一七万人が学んでいる。これは清洲市の人口の三割である。教育に熱心な地域なのである。日本の鳥取県と姉妹都市を結んでいる。

さて、ここで韓国の教育事情に触れておこう。

韓国の場合は、国立ソウル大学校が国内ナンバーワンの超難関で、誰もが認めるところである。続いてＫＡＩＳＴ（韓国科学技術院）、私立の高麗大学、延世大学、漢陽大学、地方では釜山国立大学、浦項工科大学、以下はご覧の通り。

成均館大学、西江大学、梨花女子大学、中央大学、韓国外国語大学、ソウル市立大学、慶北大学、建国大学、東国大学などである。

ウンヨンの母校・忠北大学は、難易度、人気ともに韓国の大学トップテンに入ってはいない。韓国の大学進学率は日本をはるかに凌《しの》いでおり、二〇一〇年の政府発表によると七九パーセントが大学に進学している。これに対して日本は五六・八パーセントである。

もっとも韓国の数字は二年制の専門大学も含まれてはいるが。

韓国教育年報によると、大学進学率は昔から高かったわけでなく、一九九〇年代初頭では三〇パーセント前後であった。しかし、一九九三年頃から急速に高まり、二〇〇〇年には八〇パーセントを超える水準となった。

理由は何か。それは急速な少子化と経済力の向上だといわれる。

ともかく韓国は日本以上の学歴社会であり、極端な例だが、大学を出ていなければ人間扱いされない面もあるらしい。良い大学に入ることが親孝行とされるだけに、みなヒートアップするわけだ。韓国の俳優はほとんど大学出身者だし、お笑い芸人でも大学卒業者が圧倒的に多いという。

ちなみに日本でも人気のイ・ビョンホンは大学院卒（中央大学新聞放送学科大学院）だし、

ペ・ヨンジュン（成均館大学）もチェ・ジウ（漢陽大学）も大学に通ったことがある。

日本ではセンター試験後は国公立の前期のほかに後期試験も受験できるし、私立も何校も受けることができる。だが、韓国では二次テストはなく、センター試験に相当する「大学修学能力試験」の一発勝負だという。

それだけに当日は、警察官も大忙し。試験に遅れそうになった受験生をオートバイに乗せて試験場へ運んだり、英語のヒアリングテストでは騒音が起きないように、クラクションの禁止、バスや列車は徐行運転、さらに飛行機の騒音も抑制されているという。

受験生の母親が大学に合格するように祈る姿や、予備校のスタッフもプラカードをもって応援するわと、国中あげての大騒ぎとなる
合格祈願の受験グッズも多種多様で、定番は飴《あめ》。志望校にくっつく、というわけだ。フォークは答えを狙って刺せ、というわけ。ほかにも「頭の回転をよくする」とタイヤやサイコロの形をしたアクセサリーなど、盛りだくさんだ。

少し前、日本でネットを使ってカンニングした事件が発覚して社会問題になったが、このニュースは韓国にも伝わり、話題になっているとのことだ。

韓国も二〇〇四年に携帯電話での集団カンニング事件が起きている。このため二〇〇五年からは携帯電話の持込みが禁止されているという。韓国では不正行為者は次の年も受験権利がな

い厳しさ、であるらしい。

日韓の学習塾についても触れてみよう。

日本の学習熱も年々増大の途のようである。たとえば、大手塾に通う子供がその授業についていけず、このため別な塾、いわば、押さえの塾に行くのである。つまり二つの学習塾に通っているわけである。毎月塾代だけでも一〇万円ぐらい掛かってしまう。が、これは決して珍しい現象ではないのである。

一方、韓国はもっと凄《すさ》まじい。韓国政府は塾の急激な増加を抑えるために〝禁止処置〟を講じたものの効果はなく、その後も増え続けて、今では世界で最も塾が繁栄している国となっている。

それだけに塾の設備も、まるでホテル並みの豪華さであるし、指導方法もさらに進化しているといわれる。教え子がソウル大学に合格すれば、その家庭教師は車がもらえるという話まで も伝わっているほどだ。

なにしろ政府系のシンクタンクが、大学によってどれぐらいの生涯所得があるのか、などを発表するほどだから、教育熱がヒートアップするのも、けだし当然ではある。

いずれにしても韓国の教育熱は高い。たとえばわが国の内閣府が各国の小学生を対象に「学校に通う目的」の調査を行った結果、韓国の場合は「学歴や資格をとるため」がトップであったのに対し、日本は「友達を作るため」が一番多く、アメリカの子供たちのトップは「一般的な基礎知識を身につける」であった。

このように韓国では、すでに子供のころから、学歴に拘《こだわ》る風潮があるのだ。

なぜか。

ウンヨンの子供のころには、まだ確立されていなかった「英才教育」が、国家的なレベルで行われるようになったのもその一因であろう。

「英才教育振興法」が制定され、これにより小・中・高校に英才学校ができた。韓国は日本と同じように、有力な資源のない国である。このため世界に通用する優秀な人材を育てるためには、やはり教育が大事だと認識しているのだ。日本のように、〝ゆとり教育〟を掲げてのんびりしていたわけではないのである。

歳月の中に埋もれた手がかり

ウンヨンが「二一世紀の偉大なる知性」となったことは、番組のディレクターや大野プロデューサー、それに矢野健太郎・東京工業大学名誉教授は知っているだろうか……。

たぶん私同様に知らないだろう。一刻も早く、このニュースを伝えよう。

すると矢野教授は、一八年前にすでに八一歳で亡くなっていた。

次にフジテレビのOB名簿を開いた。だが、担当ディレクターの名前はなかった。削除されているのである。ということは亡くなっているという意味か。

だが、大野プロデューサーの名前だけは厳然としてあった。

早速、電話をかけてみた。コールはするものの誰も出なかった。外出でもしているのか。私は大野プロデューサーが所属していた当時の芸能二部でもっとも若い人を思いだした。女性のTK（タイムキーパー）をやっていたE子さんである。名簿からE子さんを探し出し、電話をかけた。やはりコールはするが、なかなか電話に出ない。

E子さんは若い頃、なかなか肉感的で、一度誘いたいなあと思ったこともあった。結局、一度も誘わなかった。いや一回だけ、他の男性を交えて四谷の煮込み屋で食事をした経験はあった。だが、それだけだ。

ようやく電話をとってくれた。が、ものすごく無愛想な声であった。こちらの名前をいうと、な～んだと素っ気無い。用件は何よ、とまるでケンカ口調であった。

E子さんは異色な経歴の持ち主で、フジテレビがまだ女子の二五歳定年制があったときに、二五歳で会社をやめてパリに渡った。そこで数年間住んでいたが、ある台湾男性と知り合い、結局、一緒に台湾に渡ってしまった。

が、台湾語を身につけたあと日本に帰国。フジテレビの関連会社に潜り込んだのである。そして還暦の任期満了となったのは、すでに五年前のこと。

E子さんがいう。

「あの番組（万国びっくりショー）のTKは私ではなかったわ。誰だったかな、PD（プログラム・ディレクター）のNさんに聞けばいい、ああ、死んじゃったか。ではHさんは？　あの人も死んじゃったか。そうそうW子にきけばいい。エッ？　分んないの。ほら、Gさんの元奥さんよ」

「Gさん？　ああ、東大経済を出た人か。周りからおしどり夫婦と騒がれていたけど、離婚したんだ」

E子さんはそれには応えず、W子に聞けといって、電話は切れた。

それにしてもGは背も低く顔だって不細工なくせに、びっくりするような美人を妻にした。あれは東大という看板にW子が惚れたに違いない、と当時は嫉妬したものであった。

それにしても女のネットワークはすごい。会社を辞めたにもかかわらず、プライベートのことまで知っているのだから。特に離婚というワードにはまるで動物的な嗅覚だ。

「万国びっくりショー」のスタッフがほとんどこの世にいないのは、寂しいことではある。どちらかといえばみんな早死にである。そういえばあるフジテレビの先輩がこういっていたことがあった。

「テレビも新聞も普通の会社とは違い時間は不規則だろう。それに時間との戦いでストレスも相当だ。忙しい時は徹夜などしょっちゅうだし、だから長生きできないんだ。ところでフジテレビ社員の寿命って知っているかい。これまで亡くなった人の人数と年齢を計算すると、平均が出た。いくつだと思う？　たった六七歳だぞ。いくら給料が多少よくてもさ、六七歳はないだろうが」

そういえばフジテレビ専属の医師も、はかったように六七歳で亡くなっていた。もっともこの年齢、ある数年間に限って計算したもので、むろん公式なものではない。念のため。

さて、大野プロデューサーの自宅には翌朝早く電話をかけた。年齢のことを考えて、夜だと早く寝てしまうと判断したからだ。だが、電話口に誰も出なかった。で、夜にまた電話をかけたが、またしても繋がらなかった。奥さんとどこか温泉でもいっているのだろうか。

フジテレビが開局してから既に五〇年が過ぎている。これを記念して、ＣＤや書籍などの『50年史』が社員およびＯＢに送られてきたが、本棚に入れたままになっていた。

ウンヨンの出演した番組を見ようと取り出してみた。

すると書籍の部分に、韓国の神童、キム・ウンヨンと一行あるだけだった。ＣＤの方も見たが、ウンヨンの出演する映像はなかった。なぜかウンヨンの出演した番組の映像は、フジテレビアーカイブセンターには残されていなかったのである。

フジテレビ五〇年史の天才たち

テレビ局というのは一般的に言ってユニークな人材の集まる組織といえるが、ここでは私が見てきたフジテレビの同僚たちのなかで、天才を感じた人物について述べてみたい。

1、五社英雄（映画監督＝六三歳没）明治大学卒
2、妹尾河童（舞台美術家＝八〇歳）旧制神戸二中卒
3、横沢彪（プロデューサー＝七三歳没）東大卒
次点、別所孝治（アニメの大家＝七一歳没）東京写真大学卒

三人を選んでみたが、簡単に説明しておく。

五社英雄はご存知の通り、「陽暉楼」「鬼龍院花子の生涯」など話題作をつくったテレビ出身の初の映画監督である。五社監督の下でＡＤをやった人が、定年の挨拶文の中で、「五社監督

という天才と一緒に仕事ができて幸せでした」とコメントを寄せていた。

五社監督は演出している際に、眼鏡を右手でチョンと上げる癖があった。他のディレクターと違って、素早く体を動かしながら芝居をつける。ともかく全身からエネルギーが迸《ほとばし》っている感じであった。

彼が私のような下っ端など意に介さないのは当然であるが、私は、五社監督といえば、ある恥ずかしいことを思いだすのである。

「三匹の侍」の録画撮りの時であった。当時私は美術部装飾係という部署にいた。装飾係とはセットの飾りつけや、小道具さらに飲食物など、業界用語で〝消えもの〟といわれるものまで仕事の範囲であった。食べ物は消えてなくなるため、その名がついたらしい。今と違って当時は社員がやっていたのだ。

その日、撮影は夜中までかかって第二スタジオで録画撮りをしていた。たぶん深夜の二時頃だったと思う。

いよいよ切腹のインサート撮りの時間となった。当時の五社監督は黒澤明を意識してか、リアルさを追求してドラマをつくっていた。

切腹は、腹から臓物が流れるシーンである。臓物は豚のレバーだ。いよいよ装飾係の出番である。今では視覚効果の仕事だが、当時は装飾係であった。コンドームの中にレバーをいれて、その中に血糊を注ぐ。パンパンになるまで注ぐ。それをサラシの中に隠す。いかにも小刀で切腹したように見せかけて釘みたいなものでコンドームを刺す。すると血が吹き出て、中から臓物が流れ出るという仕掛けである。

装飾担当のKさんが、冷蔵庫に保管していた豚のレバーを取りにいく。私はその時、トイレかどこかにいっていた。

部屋に戻ると大騒ぎになっていた。ADのTさん（後年フジテレビのドラマ「北の国から」の演出を手がけたが、数年前に癌で亡くなっている）が、「早くスタンバイして」と叫んでいる。Kさんが「冷蔵庫に入れておいたレバーが消えている」と真っ青になっていた。

私は愕然とした。

実は三〇分前に、バターで炒めて食ってしまったのだ。死ぬほど腹が空いていたからだった。私は切腹で使うとは全く知らず、何かの番組で残ったものだと思い込んでいたのである。

黙っているわけにはいかず、私が食いましたと白状した。

五社監督は決して美術関係者を怒鳴らない。あくまでADに向かって「東京中を探してでもレバーを手に入れろ」と怒っていたが、若い者が食ったことを知り、翌日の収録と相成った。

この一件が美術部長に伝わり、こっぴどく叱られた。部内からは顰蹙《ひんしゅく》をかい、女子社員から軽蔑され、ボーナス査定は最低であった。

ちなみに五社監督は後年、映画『人斬り』で三島由紀夫演ずる田中新兵衛役の切腹シーンを見事に演出した。

次に妹尾河童である。美術装置家だが、エッセイストとしても有名だ。とくに自伝『少年H』はテレビドラマ化され大ヒットした。

河童さんとは同じ美術部で一緒だった。もともとオペラ歌手の藤原義江のもとで舞台装置の仕事をしていたが、フジテレビ開局直後にセットデザイナーとして入社した。

ある日、昼ごろに出社してきて、「きょう名前を変えてきた」という。本名は肇だが、仕事上で「河童」を名乗っており、それを役所に登録してきたというのだった。なので河童は本名である。

笠置静子主演の「台風家族」というホームドラマで、河童さんはセットデザイナーで私は装飾係であった。

ドライリハーサル（カメラを使用しないリハーサル）の時、ある若い女優が、美容室で頭を釜に入れてセリフをいうシーンがあった。

ところがそのお釜が不完全でネジがないため、下にずり落ちてしまう。

カメリハ（カメラを使ったリハーサル）までには小道具会社（藤波小道具）が完全なものと

取り替えることになっていたが、河童さんはドライリハーサルから用意しろと怒り、いきなり役者やスタッフが大勢いる前で、私の名前が呼ばれた。そしてその釜のところに座れ、という。座ると河童さんはお釜をギロチンみたいに上から落としたのである。当然、私の頭に直撃。しかも何度もやられた。小道具会社の責任を私が代わってとらされたのである。痛いやら、恥ずかしいやら。泣きたい気分であった。

また、打ち合わせの時も、午後三時といえば一分でも遅くなると怒るし、逆に一分でも早くいくとまた怒られる。実に時間にうるさい人であった。

河童さんはいつも香水をつけていた。しかも普通の匂いでない、独特の匂いなのだ。ご本人に聞いたわけではないが、誰かが〝麝香《じゃこう》〟だと言っていた。その匂いがすると河童さんがきた、と背筋がぴんとなり、緊張したものである。

河童さんはいつも猟銃を肩にかけて出社していた。いまでは考えられないことではある。

しかし、番組用のセット（装置）の精密な俯瞰図《ふかんず》をさっと書いてしまう。やはり天才と思ったものだ。

横沢彪。東大文学部を出てフジテレビに入社。最初は「英語に強くなる時間」のＡＤをやっていた。その後、組合活動の煽りを受けてサンケイに飛ばされた。この時、私も一緒に日本橋は江戸橋の小汚いビルの中にあったサンケイ新聞出版局に異動した。

私の場合は、希望して『週刊サンケイ』編集部に、横沢さんは販売部勤務であった。私と顔を会わすたびに「仕事なんて一生懸命やるな、手を抜け」と声をかけられたものだった。横沢さんは左遷されて腐っていたころであった。当時のM局長からさかんに食事を誘われても、頑なに「行きません」と断っていたことを思い出す。

フジテレビに復帰してから漫才ブームを巻き起こし、北野武や明石家さんま、タモリなどを育てたのはご存知の通り。タレントを見抜く眼力は、天才であろう。アインシュタインやニュートンのように不遇な時代に才能を熟成させて、それが一気に爆発したのであろう。晩年は癌を隠さず、堂々としていた。


ここで次点の別所孝治を紹介する。私が映画部時代の上司である。一般にはなじみがないかもしれない。が、アニメ業界では知らない人はいないであろう。

手塚治虫作品はほとんど別所さんが手がけたもので、ほかにも話題作がずらり。ざっとあげると、『鉄腕アトム』『サザエさん』『リボンの騎士』『銀河鉄道９９９』『あしたのジョー』『母をたずねて三千里』など人気番組目白押しである。

プロデューサーといっても肩で風をきり、エラソーにすることは決してなく、放送に間に合わないといえば、ご自身も一介のアニメーターに早替わりして絵筆を握り、徹夜で色塗りをやっていたという。

別所さんとは異動で映画部を離れても親しくさせてもらい、諏訪湖での泊りがけのワカサギ釣りは懐かしい思い出である。

ずっと独身だったが、なんと別所さんの通夜に結婚発表があったのである。

通夜客は「別所さんのサプライズ」だと驚いていたが、お相手はアニメ業界のさる女性であった。別所さんが若い頃好きだったらしく、生来テレ屋のため言えず、なんと癌を告知されて余命三ヶ月の時、病院のベッドでプロポーズしたというのである。

そして元旦に入籍した。それから二ヶ月後に奥さんの手をにぎりながら、天国へ旅立っていった。

別所さんはなかなかのアイディアマンであった。

黒澤明の映画を深夜で放送することがあった。だが、放送時間内に入らない。ノーカット放送が条件の黒澤映画である。緊急部会が開かれた。別所さんが発言した。

「山の風景とか動かない場面を少し早まわしにすれば、時間を稼げるかも。監督は気がつかないだろう」

私はなるほど、と感心した。結局、時間枠を拡大して、別所さんのアイディアはボツになったが。

気遣いの人で、いつも自分を笑いものに仕立てて、周りを笑わせていた。別所さんが亡くなった時に、フジテレビでは特別番組を放送した。元社員の特別番組は、別所さんが初めてだ。やはり天才であろう。

父親への反発？

さて、話が大分横道にそれてしまったが、再びウンヨンに話を戻そう。

いったん手掛かりを失いかけたが、その後私は二〇〇六年九月八日のウンヨンが掲載された中央日報を手に入れた。A2サイズで三八面あり、なかなかボリュームのある新聞である。ウンヨンは第一〇面の左上の囲み記事であった。囲みといっても横一八センチ、縦二一センチのわりと広いスペースでウンヨンの写真付きの記事であった。

眼鏡をかけてライトブルーの縦縞のワイシャツにベージュ系のネクタイをきりりと締め、首から今様のIDカードをぶら下げている。額はやや広めでうっすらと笑みを浮かべ、いかにも研究員といった趣であった。

子供の頃には笑顔がなくいつもポーカーフェイスであったが、この写真を見る限り、人間的な温かみを感じる。幸せな家庭を持ち、子供もいるような良き父親の姿を感じる。

ウンヨンはこの年（二〇〇六年）七月より、忠清北道開発公社の補償チーム長として勤務していると、記事は報じていた。土木・環境工学分野で「今年の国際教育者」になり、英国の国際人名センターの副理事長にも選任され、ウンヨンはアジアを代表する知性となった、とも報じていた。

ここで注目すべきは、ウンヨンの父親が引いたレールの世界（物理学）から土木工学の世界へ軌道修正したことだ。

自分の夢を息子に託したであろう父親の心境は、いかばかりであったか――。

一般に日本と比べ、韓国の親子関係は絆が深いといわれる。韓国では家長絶対主義のところがあって、子供が親に対して言い返したり、口答えしたりするのはとても嫌われる。

日本ではたまさか子供が親を殺す事件がみられるが、韓国ではほとんどないという。

日本人からみれば、韓国の親は子供に対して過保護に映り、子供の方も親に強く依存しているように映るらしい。一家眷属《いっかけんぞく》に関していえば、助け合いの精神は日本より一段と強いのである。

日本も韓国と同じ儒教文化の上に立っているが微妙に異なり、日本人は忠誠心に重点を置くのに対し、韓国人は仁愛だといわれる。

日本と韓国の違いは引越しの場合をみると分りやすい。日本人は業者に依頼する。他人はもちろん親類に迷惑をかけたくないからである。

一方、韓国では親類の人たちが集まり手伝いをする。加えて、親しくなれば迷惑という言葉すら存在しないといわれ、遠慮という言葉は言外なのである。

いずれにしても家長の色合いが濃い韓国では、父親の敷いたレールに子供が反発することなど言語道断かもしれない。

その上でウンヨンを考えてみよう。

幼い頃より普通の子供以上に、父親が描いた、いわばアインシュタインのように世界に名だたる理論物理学者になって欲しいという枠の中で育てられた。しかしウンヨンは、二〇歳過ぎてから理論物理学の世界から土木工学という分野に転換した。自分の意思でその殻を破り、外に飛び出したのである。

当然、父との葛藤はあったかもしれない。しかし、ウンヨンは父親に屈することなく、自分の意思を貫き通したのだろう……。

もしそうだとしたら、このあたりがウンヨンの偉いところである。だからこそ潰れることもなく、〝二一世紀の偉大なる知性〟として甦ったのかもしれない。

「天才少年というレッテルを貼られストレスが大きかった。平凡な人々のように学問と業務的にのみ評価されたい」

とウンヨンは中央日報の金芳鉱《キム・バンヒョン》記者にいっている。

これは父親に対する反駁ではなかろうか。父親は平凡な幸せを断念しろ、といった。天才は天才の道を歩め、といった。

だが、天才少年という冠はマスコミが勝手に使ったわけではない。父親自らウンヨンは天才と、大向こうを相手（マスコミ）にいっていたことである。

とするならば、くどいようだがこのコメントは父親への反発と思えなくもない。

大震災と〝二一世紀の偉大なる知性〟

ところで、ウンヨンが載った中央日報の第一七面の右下に、車椅子の天才理論物理学者、スティーヴン・ホーキングの囲み記事があった。

ウンヨンの半分のスペースである。余談だが、内容はアシスタントの募集告知の記事であった。年間四二〇〇万ウオンで講演、セミナーなどに関する助手を募っていた。

かつて〝韓国のアインシュタイン〟といわれたウンヨン。一方〝アインシュタインの再来〟といわれたホーキング。二人とも同じ新聞、同じ日付に掲載されるとは、何かの因縁だろうか。

いずれにしてもウンヨンの記事を書いた中央日報のキム記者に直接会ってもう少し詳しく聞きたい、そしてウンヨンと今度こそ接触できればと思った。

もう、韓国に行くしかない。

ところが、韓国行きが頓挫してしまった。三月一一日、東日本大地震があったからだ。

個人的なことで恐縮だが、甥と姪、それに姪の二歳になる子供が宮城県石巻市と東松島市にそれぞれ住んでいた。両市ともに壊滅的な被害を蒙り、死者・行方不明合わせて一万人以上。甥たちに連絡が取れなかった。テレビ映像で見る限り、地獄を見る凄まじさであった。未曾有の津波により堤防は破壊され、家屋は流され、道路は崩れ落ち、加えて福島原発の事故。まさに史上最悪の三重苦であった。原発は世界中から恐懼《きょうく》され、連日ニュースに取り上げられた。特に津波の恐ろしさは予想以上であった。水の速さはジェット機並だという。

親類の安否もままならず、通信機関がまったく機能しなかった。テレビ中継の避難の人々の中に甥や姪がいるのでは、と連日テレビから目を離さなかった。これほどテレビを見ていたのは、初めてのことである。

すると――。

水の流れ、道路の崩壊、原発による環境汚染で一本の線が繋がった。この線上にウンヨンの姿が……。ウンヨンと日本の大惨事が結びついたのである。

まさしくウンヨンの専門分野ではないか。水理学、土木・環境のアジアの知性、いや〝二一世紀の偉大なる知性〟である。

ならば日本の復興にはウンヨンの知恵が必要ではなかろうか。

私はまるで夢をみるように、うなされた。

ウンヨンに会ったらそのあたりも打診してみよう。だが、ウンヨンは異常なほどマスコミ嫌いらしい。幼き頃のトラウマがいまだに尾をひいているかもしれない……。

この際、アポをとらずに直撃しようと心に決めたのである。

行方不明から一三日目に、甥たちはみな全員無事であることが確認された。

私は自らミッションを課して、韓国に向けて飛び立ったのである。

第4章

2011年春、韓国

三島由紀夫とキム・ウンヨン

シートベルト着用のアナウンスがあった。目的地まで六六キロ。あと一二分でランディングである。高度がぐんぐん下がるのがわかる。飛行機の苦手な私は、再び緊張してアーム椅子にしがみつく。機体は白雲を突っ切ってさらに下がる。

小窓から眼下をそっと覗《のぞ》くと、韓国の山々やビル群がくっきりと見えた。

この大地のどこかに、二〇〇〇年に一人といわれた天才がいるのだろうか。前回は会うことが出来なかった。今回は、果たして会うことが出来るであろうか――。

それにしても、ずっと追いかけてきた。だが、なかなかウンヨンを捉えることができなかった。私にとって一人の人物の追跡は、あの天才作家・三島由紀夫以来であった。いや三島の場合は追跡というよりも、金魚の糞のような〝追っかけ〟であったが。

どうも私は、〝天才〟に魅かれる癖が人一倍強いようである。なぜか――。

たぶん、私はどちらかといえば愚に近いからであろうか。三島から去ったあと、しばらく熱中する人物は現れなかった。そんな私にとって「二〇〇〇年に一人の天才」は、すこぶる魅力的な人物であった。

三島さんと後楽園のボディビルジムで初めて会った時の印象を、私は、当時の日記にこう記している。

「明らかに一般人と違う。大勢の中で彼の眼光だけが輝いていた。光線銃のようなその目に吸い込まれるように近づいた。目は一点の汚れもなく湖のような瞳をしていた。その上、人を射抜くような眼力があった。キラキラして、いかにも常人離れの目である。これぞ天才の目というものだろうか。騎士《ナイト》のような白いタイツ姿の彼は、斜め四五度のベンチに横たわると、二二・五キロのダンベルを両手に持った。大胸筋の鍛錬のために渾身《こんしん》の力をこめる。顔面はうっすらと赤みを帯び、それは細江英公の写真集『薔薇刑』のモデルにそっくりな双眸《そうぼう》であった。天才の目をまざまざと突きつけられた思いだった」

目に関しては、芥川龍之介と会った作家の小島政次郎もこう書いている。

「神童というのは、こういう顔をいうのだろうと思った。なんともいえない澄んだ目。鋭くってみずみずしくって叡智に濡れていた。女のように長い睫毛が秀麗な容貌に一抹の陰翳を添えていた。こりゃタダモノではない。こんなすばらしい顔をした人間にこれまで私は会ったことがなかった」

さらに大長編『失われた時を求めて』の天才作家、フランスのマルセル・プルーストの目については、

「人目をひくのは、彼の目であった。素晴らしい女性的な目。東洋風な目で、その愛情にみちた燃えるような愛撫するような、それでいて受身の表情は牝鹿やカモシカのそれを思わせた。上瞼は軽いふくらみをもって覆いかぶされて、目全体が錆色の隈にかこまれていた」

とエドモン・ジャールが記している。

天才作家は目が違うのだ、と思ったものだった。ちなみに私が週刊誌記者時代に、作家の森村誠一氏と一緒に仕事をしたことがあるが、彼は目の澄んだ美しい瞳をしていた。また作家の三好徹氏も、同じような綺麗な瞳をしていたのだ。

で、魚が腐ったような私の目では、いい文章は書けないと判断して、薬屋に飛び込み赤目を取り去る目薬を買い求めたのだった。目からぼたぼたと零れ落ちるほど、たっぷり目薬を注ぐこともあった。が、赤目は一瞬青みがかるが、一時間も経たないうちに、鰯の腐った目に戻った。効果はなく愚かな抵抗であった。

ところで、三島由紀夫の目について述べたが、実は、学習院高等科時代に眼鏡をかけた写真が残っているのだ。かなりのド近眼のような楕円形の眼鏡をかけている。「近眼であったが、ふだんは眼鏡を使用しなかった」と注釈付である。

だが、目の前で何度も三島さんの目を見たが、コンタクトをしていたふうはなかった。むしろ視力は2・0、いやサバンナで暮らす人のように6・0はあろうか、という目であった。

現在のように近眼を治す手術のない時代だったし、あるいはどこかの国で手術でもしたのか、それとも自然に近眼が治ったものか。私にとっては謎である。

膨大な三島論はあるけれども目について言及したものはいまだ皆無なのだ。

またも立ちはだかる父親の壁

脱線に次ぐ脱線でいたく恐縮だが、私の乗った大韓航空2712便は、ようやくランディングとなった。そのショックで体が前後左右に揺れた。まるで東日本大地震を思い起こす縦揺れであったが、恐怖心はなかった。ともかく地上に着地したのである。飛行機嫌いなだけに人一倍嬉しかった。

しばらく機内で待っている間、ほっとしたせいか、欠伸がひとつ出た。

金浦空港では入国の際、日本人に対して放射線測定器《ガイガーカウンター》でチェックされるものと覚悟をしていた。が、それはなかった。福島原発事故のニュースは機内の東亜日報紙でもトップで伝えられていたし、韓国の小学校、中学校では汚染雨の恐れがあるとして休校していたからだ。その数、一二六校。

出迎えのエリアでは大勢の関係者が円を描くように並んでおり、それぞれ手にプラカードを持っていた。プラカードには〝お客さん〟の名前が書いてある。ぐるりと見渡すとやや左手あたりに通訳兼コーディネーターの女性が待っていた。黒のパンタロンをはいた中年女性であった。事前に連絡を取り合っていたし、行き先もファクスで連絡済みだったが、簡単な打ち合わせをした。

最初に向かったのはソウル市内にある中央日報社であった。ウンヨンの記事を書いたキム・バンヒョン記者に会い、ウンヨンの情報を聞き出そうというわけであった。

私たちの乗ったグレイのバンは、漢江《ハンガン》を渡り、しばらく沿岸を走り再びハンガンを渡った。どこをどう走っているか分らなかった。ともかく車だけは、やけに多かった。ソウルのダウンタウンに入ると車が一段と増えてきた。警笛を鳴らす車があちこちから聞こえてくる。まあ、よく事故が起きないと感心するほど車を飛ばしている。

メイン通りにびっくりするほどの巨大な銅像が建っていた。通訳女史によると、ハングル文字をつくったといわれる世宗大王だという。このほか、あれは戦争記念館、これは世界遺産の建物などといろいろと説明を受けたが、私はうわの空で聞いていた。私の頭の中はウンヨンのことでいっぱいだったからだ。

まもなく中央日報社のあたりにバンがやってきた。近くでは超高層ビルの建設中であった。韓国入りしてから、建設中の工事現場をいくつか見た。韓国の勢いの一端を垣間見る思いだった。

この地域では中央日報社を中心にしてサムソン系の会社が多く立ち並んでいた。むろん中央日報社もサムソン系と通訳女史がいった。

ワインカラーの二一階建てのビルだった。さすが韓国を代表する新聞社である。堂々として何か威厳すら感じられた。三階から六階まで、それに二一階が中央日報社で占められているという。ほかに系列のテレビ局もこのビルの中に入っていた。

大きな回転ドアに入ると、正面に受付があった。いかついガードマンが数名、睨《にら》みをきかせて立っていた。

一階の受付からキム記者に連絡をとったが、「ただいまわかる人がいないので、午後からにして欲しい」と受付嬢を通していわれた。実は日本でキム記者に連絡を試みたが、なかなかコンタクトがうまくいかず、結局ウンヨンの場合と同様、アポを取らずに韓国にやってきたのである。

ま、仕方がない。といっても午後までここで待つわけにはいかない。

どうするか――。

すると通訳女史が、忠清北道開発公社に行きますか、と提案してきた。ウンヨンの仕事場へこれから直行しようというわけである。

ソウルから車だと約三時間以上はかかるという。だが、これから向かってもご本人がいるか、いないかも分らないし、いなければまったく時間の無駄である。

いや、無駄はこれまでも沢山経験してきたからどうってことはない。無駄というより、たとえ直行しても、この時は何かいい結果が出ない気がしたのである。

そこで、建国大学に行くことにした。医学部を含む私立の総合大学で、かつてこの大学に物理学部長をしていたウンヨンの父親がいた。この父親は、大学内にウンヨンのための天才児童教育研究所を立ち上げ、ウンヨンだけではなく弟や妹も通わせていたのは、前述の通りである。二八年前、ウンヨンの母親によると、この父親はあと二、三年で学長になると断言していたが、果たして学長になったかどうか、確かめたかったのである。

グレイのバンは再び車の多いソウル市街を飛ばした。右に左にぐるぐる回って、ようやく建国大学のゲートまでたどり着いた。ゲートでは門衛からチェックを受けたが、通訳女史が対応してバンは敷地内に入った。

バンから下車して教務課の方に歩いていく。以前訪問した時よりもずっと整備され、まるで由緒ある名園のような趣のキャンパスであった。

一鑑湖《イルガムホ》という広大な人工の湖の周りには樹木が立ち並び、男女の学生たちが行き交っていた。桜の花も八分咲きで、どの顔も希望に満ちた明るい表情をしていた。

教務課で聞いてみると、ウンヨンの父親は学長にはなっていなかった。二〇〇〇年にこの大学を定年退職していたのだった。今は名誉教授だという。

「退職したあとはどこかの外国にいくといっていましたが」

といいながら、若い男性職員はどこかに電話をしていた。

すると、いきなり通訳女史を呼び、電話に出て欲しいといった。通訳女史が電話を受け取るやいなや、いかにも恐縮する体となった。それもそのはず、電話の相手はウンヨンの父親であったのだ。

父親は日本語がまったく話せないというから、私が電話口に出ることは出来なかった。

通訳女史によると、父親は次のようにいったという。

「きょうの午後に中国に行く。帰国は一週間後。ウンヨンに会いたい日本人がいるなら、直接会って人物を判断したい。その人物が大丈夫な人間なら、ウンヨンと連絡をとりましょう。いずれにしても一週間後です」

この父親は現在七七歳、韓国風にいえば七九歳（数え年）だと通訳女史はいったが、声に張りがあり、年よりもずっと若く感じた、という。

それにしても、まるでウンヨンのマネージャーかプロデューサーのような口ぶりである。

もっとも子供にとって良き父親とは、プロデューサー的な人物という人もいる。子供というタレントの長所を見つけ、それを伸ばしていく。

だが、ウンヨンはもう四八歳だ。子供ではない。そこまで介入することもないと思うのだが……。

父親の帰国を待ち、面接を受ける時間的余裕はない。ともかく学長にはなれなかったのだ。わが子のために大学内に私的機関を作ったり、ウンヨンを匿《かくま》うために頑強にマスコミをはねつけたりとなかなか個性的な行動は、ひょっとしたら大学内外から疎まれ、敵も多かったかもしれない。

私たちは運転手もまじえて早めのランチをとった。食後のあとに再び中央日報社に向けてバンを走らせた。

これが韓国の英才教育

再び本社の受付で呼び出してもらう。ところがキム記者は人事異動で中府本部にいると回答してきた。中府本部はテジョン市内にあり、ソウルから車で二時間ほどだという。車で行っても会えなければまったくの無駄足である。

その後、キム記者に直接、電話で連絡することができた。だが、忙しくて時間がとれないという返事が戻ってきた。

仕方がない。諦めるしかない。

それにしてもスタート早々、いやな立ち上がりだ。数日前から韓国には黄砂がやってきていたが、私の心も到着早々黄砂に襲われそうな雲行きであった。取りあえず中央日報社内にある喫茶店に入って頭の整理をしようと思った。

今からウンヨンの仕事場である忠清北道地方に行くには、いささか遅すぎる。ならばどうするか。

アイスティを飲みながら考えた末、ソウル教育庁に行くことになった。ウンヨンが子供の頃、英才教育システムはなかったが（私的機関は除く）、現在の韓国では政府が英才教育に力を入れているというからだ。

ソウル教育庁は白い大きな建物であった。その六階に未来教育人材部がある。

英才チームのキム・キュサン・スーパーアドバイザーに韓国の英才教育のシステムについて聞いた。

それによると、現在、韓国では小学校、中学校、高校に英才学校があり、たとえばソウル市内では合わせて一万五八〇〇人が、英才学校で学んでいるという。これは全体の一・二パーセントにあたる。ソウル市では二〇〇一年から英才学校をスタートさせているが、韓国全体では一九九八年に英才学校が始まったという。

国全体でみれば、現在約八万人が英才学校で学んでおり、これは全体の一・六パーセントにあたる、とキム・スーパーアドバイザーがいった。

英才学校は高校まであり、そのあとはソウル大学やＫＡＩＳＴ（韓国科学技術院）に進学するケースが多いという。

英才学校が出来てすでに一〇年が経つ。ここで学んだ人材は、博士になって韓国内外で活躍しているということだった。

「ウンヨンさんが今の時代に小学生や中学生なら、その天才はもっと開花したでしょうね。当時は韓国内に英才教育の施設がありませんでしたから、その意味では国にとって大きな損失だったでしょうねえ」

とキム・スーパーアドバイザーはいった。

とはいうものの、現在、ウンヨンは「二一世紀の偉大なる知性」となっているではないか。なぜ〝失敗した天才〟のイメージで話すのか。人は一度レッテルを貼ると、なかなか剥がすことができないものなのか。

ソウル市で英才高等学校がたった一つだけある。国立ソウル科学高校だ。ここに入学する倍率はだいたい二〇倍といわれる。テストの内容は、書類選考や思考問題、それに二泊三日の合宿を行い、その行動を見る人間審査などで合否が決まるらしい。

通訳女史の甥は、今年、この英才高校を受験するために猛勉強をしているといった。現在は一般の中学生だが、学校の授業のあとに、毎日午後五時から一〇時まで塾に通って猛勉強しているというのだ。猛勉強しなければ合格は厳しい、と通訳女史はいった。

その英才高校を訪ねた。去年までは国立の科学技術高校であったが、今は名称を国立ソウル英才科学高校と変えた。

やや高台にあり、玄関前には「叡智義行」という文字を彫った大きな石碑が建っていた。運動場は学舎の下の方に広がっていた。

この高校は全寮制である。ここでは一年から三年まで三四〇人が学んでおり、一つのクラスは一五名という。この日はどこかの教育関係者十数名を引き連れて、校長が校内を案内していた。

通訳女史は、すかさずアンニョンハセヨと校長に声をかけていた。甥の入学を願って校長に挨拶していたのだろうか。

ここに在学している男子生徒（二年生）に進路を聞いてみた。

「卒業したらソウル大学に進学したい」

と応えた。

また別な女子生徒（二年生）にも聞いてみたがやはり、ソウル大学を希望していた。理系の大学では最近ＫＡＩＳＴ（韓国科学技術院）の人気が上昇しており、理系に関してはソウル大学より偏差値は上、という人もいるくらいだ。

優秀な理系の学生はソウル大学よりＫＡＩＳＴの方に流れている傾向に、ソウル大学は、理系部門を充実させたという。このため再びソウル大学に人気が戻ってきた、とある教育関係者は分析していた。

ところで、韓国では連日、ＫＡＩＳＴのニュースで持ちきりであった。今年（二〇一一年）に入ってから学生の自殺が相次ぎ、加えて教授も自ら命を絶ってしまったからだ。

韓国メディアでは、エリート学生の自殺の原因は、〝極端な成績至上主義〟とみている。これによりエリート教育の是非をめぐり議論が沸騰しているらしいのだ。

ＫＡＩＳＴでは新しい学長が就任して、新制度を導入した。新制度とは全授業を英語で行う、成績不振者から追加学費を徴収するというものである。

学費は原則的に国庫負担だが、成績の基準に満たない学生は最大で一学期で六〇〇万ウォン（日本円で四六万円）の授業料を支払わなくてはいけないというルールだ。自殺した学生はみな成績不振で悩んでいたという。

なかでも韓国メディアで「英才ロボット」と称された学生の場合は、英語での授業についていけず単位を落とし、授業料支払いの負担に加えて、周囲の期待を裏切ったとして二重のストレスに苦しんでいたのが自殺の原因とみられている。

また教授の場合は、去年「ＫＡＩＳＴ最優秀教授」にも選ばれたエリート教授であったが、研究費流用にまつわる疑惑に悩んだのが原因らしい。

〝成績〟だけをドラスティックに追いかけ、そこには情というものがない、と学長を批判する多くの韓国市民もいるようだが、今のところ学長は新制度を撤回する気も辞任の意志もないとマスコミを通じていっているようだ。

いずれにしても、学歴競争社会が引き起こした韓国教育界の一断面ではある。

会える、会えない、会える、会えない……

さて、通訳女史と運転手の三人でサンゲタンを食べたあと、ホテルにチェックインした。明日はいよいよウンヨンの職場に直行するのだ。

ホテル八階の一室に入り、ベッドに倒れ込んだ。気がつくとしばしそのまま寝入ってしまったらしい。自室の風呂に飛び込み、体を流したあとに部屋にあるナッツを食べ、冷蔵庫から缶ビールをあけた。

ウンヨンと会えればいいが、でも会えなければ……運がないと諦めるか。昔から諦めも肝心というではないか、と思いつつテレビのスイッチを入れた。福島原発事故はレベル7となり、これはチェルノブイリと同程度の事故だとニュースは伝えていた。

テレビを見ていても体の調子があまりよくなかった。尾篭《びろう》の話で恐縮だが、韓国入りしてからどうやら神経性便秘に陥ってしまったらしい。ビールを飲んだがまったく効果はなかった。で、街に出て薬屋を探すことにした。

昔ハングルを半年間勉強したこともあり、少しは出来ると思って、街の道行く人に怪しげな発音で聞いてみた。

「ヤック、オディエヨ」（薬局はどこですか）

が、みな首をかしげて、

「モルゲッソヨ」（知らない）

というばかりだった。

結局、ホテルに戻り、ベルボーイの一人が薬屋の場所を教えてくれた。だが、便秘ということが分らない。手を交えてパントマイムをやったがベルボーイは意味不明といった様子であった。ともかく、このベルボーイがわざわざ薬屋まで案内してくれたのである。

薬局で再びパントマイムをすると店長らしき年配の女性が、ああ、ビョンピといった。そして日本語で、「カンチョー?」と聞くから、首を縦に振った。女性は腹を抱えて笑いながら「イッコ? ニコ?」というから二個買った。なぜ便秘というと笑うのか、私には理解できなかった。

とりあえず苦しみを取り去ろうとホテルに戻った。

明日こそ、運があるだろうかと思いつつ眠りに就いたのだった。

朝九時半にホテルを出発してから、すでに三〇分が経過していた。

この日はいよいよ二〇〇〇年に一人の天才といわれた人物の職場に直行しようというわけであった。

韓国にきた目的は〝幻の人物〟キム・ウンヨンに会いたい、その一心でやってきたのだ。何度もいうようだが、アポはとらずに一か八かの、まさにぶっつけ本番であった。アポをとれば間違いなく「結構です」と断られるのがオチだと思ったからだ。ウンヨンは〝天才〟と結びつけられるのが、トラウマのようになっているらしいのだ。

凶と出るか吉と出るか、神のみぞ知る……。通訳女史が「冒険ですね」と苦笑いだった。

それだけに朝からずっと不安に包まれていた。目的地の忠清北道開発公社まで約一三〇キロ余り。

グレイのバンはオリンピック大道を突っ走っている。高速道路だがしばしば渋滞に巻き込まれた。それだけ車は多かったのである。

左側にハンガンがゆったりと流れている。ハンガンに沿ってバンは南東に進む。赤茶けた鉄橋が見えてきた。ハンガンに架かる城山大橋だ。約一・五キロあるらしい。その下をバンは潜り抜ける。

通訳女史によるとハンガンを挟んで南側と北側に分かれており、南側の方が土地は高く金持ちが多く住んでいるらしい。一方、北側には古い家とマンションとが混在している。古い家の住人には借家住まいもいるが、開発のために立ち退きを迫られても補償金の金額が折り合わず、なかなか動かないという。それだけに超近代的な景色と古い家屋が入り混じっている光景は、いささか奇異な感じさえするのであった。

韓国内で超高層のトップはサムスンタワーパレスという七三階建てだ。ついで六九階、三番目は左前方に見える六三階建て、と通訳女史は説明した。

韓国では現在、六か所で一〇〇階以上の超高層ビルを計画中という。日本に比べて韓国は地震が少ないから、超高層でもそれほど不安はないかもしれない。

ハンガンに沿った並木にある桜の花は、まだ満開には少し間があるようだった。

この日は好天ではあったが靄がかかったような青空は、黄砂のせいである。

オリンピック大道から京釜高速道路に入った。相変わらず車は多い。やがてビル群の景色が消えていささか荒れた山々となった。高速道路の前方に一際大きな看板が見えてきた。サッカーボールを持った人物である。韓国サッカー界のスーパースター、マンチェスター・ユナイテッド所属のＦＷパク・チソンであった。

田圃や畑の景色を背景にしている分、パク・チソンの大看板は余計に目立った。

左手前方に煙突が二つ。一本の方から白い煙が立ち昇っていた。バンはビュンビュン飛ばした。それにしても車が多い。ソウル市内はもちろん、地方の高速道路でも車はひっきりなしだ。韓国の勢いをさらに感じた。

畑にはビニールハウスが昼の太陽の陽を浴びて光っていた。ゴミの山に鳥が二匹、何かを漁っているのが見えた。

果たして会えるだろうか。それともダメか。そんなことばかりを飛行機の中いるときから、ずっと考えていた。日本にいる時は、会える、絶対会えると、そう念じていた。念じれば実現すると、そう信じていた。だが、日本を飛び立ったころから、なぜか弱気になってしまった。バンの中で、まったく子供だましのようにノートを取り出して、馬鹿げたゲームをやっていたのである。

——会える、会えない、会える、会えない、とノートに書き、留まった場所の答えを数えるゲーム。女の子が花びらを一枚、そして一枚切って、好き、嫌い、好き、嫌いとするように、である。

「会える、会えない」の結果は、三勝三敗であった。で、決勝戦をやるのが怖くて、やめた。それを見ていた通訳女史も苦笑い。

「会いましょうよ。十分でもいいから、その方と」

と通訳女史がいう。通訳女史も男性運転手も、ウンヨンのことはほとんど知らなかった。ペ・ヨンジュンやチェ・ジウ、あるいはイ・ビョンホンみたいな韓流スターを追いかけるなら理解もできる。だが、五〇前後の中年男性を一生懸命追跡するのは、よっぽど物好きなのだろうと思っているようだった。

バンに乗り込んで二時間余りが経っていた。時刻は正午を三〇分過ぎていた。まもなくドライブインが見えてきたので、そこでランチとなった。

レストランの内部は広く、トラックの運転手や営業車の関係者たちが大勢、ランチをしていた。私と運転手はビビンバ。通訳女史は冷麺を食べた。

三〇分後に再びバンは目的地に向かって走り出した。トンネルに入る。山が多くまたトンネルだった。四つ目のトンネルはえらく長かった。トンネルを抜けると田圃や畑の風景である。田圃とはいえ緑はなく乾いた土くれであったから、一見荒涼とした景色であった。

ウンヨンの職場に到着

忠清北道の報恩郡・三升面一帯は、一四八万四四六四平方メートル規模の先端産業団地が造成されるという。二〇一三年を目途に造成する計画である。さらに五松生命科学団地、隣り合う五松第二生命団地など、まさに国家的事業である。造成が完了すると地域経済の活性化に大きく貢献するものとして期待されている。

東亜日報（二〇〇六年三月二二日付）によると忠清北道は、「小白山、月岳山、俗離山が屏風のようにそそり立ち、忠州湖や大清湖がハンガンと錦江に流れ込む山紫水明の地」とある。とはいえ周りをみると、荒れた山や田圃、畑ばかりが目立つ。

だが、国土の中心部に位置するこのあたりは、韓国経済の中心地として新しく浮上しつつあるというのである。

行政中心複合都市のゲートウエイでもある清州国際空港、高速鉄道（ＫＴＸ）の五松駅、格子型道路など四通八達の交通網が整備され、全国どこからでもいける。

これらの工事は忠清北道開発公社が施工するという。この公社にウンヨンがいるというのだが……。

二〇数年前、韓国内を探し回ったときは、ついにウンヨンを見つけることが出来なかった。当時は韓国のマスコミも追跡を断念していたし、東亜日報社の日本特派員であったチョン・クジョン記者（現在、大学教授）も日本人なら会えるかも、といってくれたが、結局見つけることもできなかった。今回はそのリベンジでもあるのだ。

あと一時間ぐらいでその場所に到着するはずである。

もっとも到着しても出張中か在勤か。海外に行っている場合もあるであろう。「二一世紀の偉大なる知性」に選ばれ、国際的にも認められているし、イギリスの国際人名センター（ＩＢＣ）が選ぶ「二一世紀の優秀科学者二〇〇〇人」に選ばれている。それだけにウンヨンはインターナショナルな行動をしているかもしれない。海外に出張中の可能性も十分考えられる。

今回会えなければ、もう永遠に会えないかもしれない。そんな気持ちさえあった。

遅いランチをした後、運転手は元気になったと見えてハンドルさばきがさえたのか、トラックを次々と追い抜いていった。前後左右は山ばかり。ある小高い山にあずまや風の建物が見えた。

車をスタートさせてからすでに三時間半が経過し、ようやく高速道路を降りて一般道に入った。景色は相変わらず田圃や畑だった。ビルらしき建物は見当たらない。

車は右に左に曲がりながら進むと運動場らしき場所で若者たちがサッカーをやっていた。バンはその脇をすり抜け、やや上り勾配をスピードダウンして前進した。あたりは土くれだった雰囲気から一転して、公園風の敷地が広がっていた。植え込みも整備されている。

右側に超モダンな三階建てが屹立《きつりつ》していた。一見アートっぽい建物である。ウンヨンの勤める開発公社かと思ったが、違った。学生文化施設だと通訳女史がいう。バンはその背後にまわり、広い駐車場で停まった。

「着きました」

と通訳女史がいう。

「開発公社はどこですか」

と聞く。すると、

「すぐ前にある建物です」

と応えた。

高層ビルを想像していただけに、びっくりした。平屋でわりと質素な建物であったからだ。もっともこの建物は仮の庁舎だという。

建物の正面にある三本のポールには旗が風に揺れていた。韓国の国旗と忠清北道開発公社の社旗であろうか。

第5章

ついにウンヨン、ミッケ！

ウンヨンは「中にいます」

こうして私は、ようやくウンヨンの勤め先まで来たのだった。日本からソウルまで約一一八二キロ。ソウルから公社まで一三〇キロ。合わせて一三〇〇キロの道のりを乗り越えてやってきたのだ。

果たしてこの平屋の仮庁舎に、目的の人物はいるのか、いないのか――。二〇〇〇年に一人といわれた、幻の人物が……。口の中で呪文のように、いるのか、いないか。出張中か、在勤か、あるいは会議中か、とこれまでずっと呟いていた。

まもなく決着がつく。

なぜか心臓が波打ってきた。通訳女史はどんどん建物の方に向かい、今にも中に入ろうとするのを、ちょっと待てと抑えた。呼吸を整えるために、まずは建物の写真を撮った。

そして通訳女史がゆっくりと建物の中に入った。私も続いた。

ウンヨンは一体、どの部署にいるのだろうか。中央日報の記事では「補償チーム長」であった。が、それも五年前のことだ。

部屋から社員が飛び出してくるたびに私はドキッとさせられたが、通訳女史は平然とアンニョンハセヨと声をかけていた。そのうちの一人をつかまえると、「キム・ウンヨンさんはどの部署ですか」と聞いているようだった。そんな人はおりません、とその男性社員はいっているのだろうか。なにしろ言葉がまったくわからないから悪い方に解釈してしまうのである。するとと通訳女史が笑顔で、「企画広報部長らしい」と応えた。一つのバリアを乗り越えたと、私はほっとした。

部署名のネームプレートはハングル文字のため読めない。通訳女史は声を出していってくれた。

「事業開発部、違うわね。事業計画部、これも違う。経営管理部、違う」

各部署を一つひとつチェックしながらゆっくりと廊下を進んだ。

と、通訳女史がある部屋の前で足を止めた。そして声を顰《ひそ》めて私の耳のもとで、

「企画広報部です」

と囁いた。

ウンヨンが所属している、と思われる部署であった。再び緊張と不安が走った。

ドアの向こう側に、果たしているのだろうか。それともいないのか……。

通訳女史はすぐに中に入ろうとしなかった。私もドアの前あたりでしばし佇んでいた。しばらくするといきなりドアが開き、中から三〇代の男子社員が出てきた。ワイシャツにネクタイ

姿で腕まくりをしていた。すかさず通訳女史が声をかけた。

「アンニョンハセヨすいません、キム・ウンヨンさんはいらっしゃいますか」

男子社員は、ドアの方を指差して、

「中にいます」

とぶっきらぼうに応えると慌しく廊下を曲がっていった。

二〇〇〇年に一人といわれた人物は在勤中であった。ついに見つけたぞ。将棋でいうなら、王将を追い詰めたぞ。大きな関門の突破である。韓国にきた甲斐があったと、ほっとして胸を撫で下ろした。

が、ちょっと待て！　喜ぶのはまだ早いか。なぜなら面会できるとは限らないからだ。なにしろアポはとっていない。ましてやウンヨンは天才という物差しで捉えられるのを、幼い頃からプレッシャーに感じていたのだ、一種のトラウマのように。

それだけにかなり神経質な人物かもしれない。面会は微妙か……。

通訳女史は「部屋に入る」といった視線を送ってきた。私も小さく頷く。ゆっくりとドアを開けて部屋の中に入った。私もあとに続いた。

あの写真が窮地から救ってくれた！

部屋は三〇坪の広さはあろうか。それぞれのデスクはパーティションで区切られており、書類が雑然としていた。社員は一〇名ほどがデスクに座っていたり立っていたりしていた。

通訳女史はアンニョンハセヨと挨拶すると、数人の社員が一斉に私たちに視線を送ってきた。みな警戒するような眼差しに見えた。

私はさっと周囲を一瞥したが、ウンヨンらしき人物は見当たらなかった。二〇代、三〇代とおぼしき若い人たちばかりが目についた。

一人の色白で背の高い美人の社員が近づいてきた。ちょっとチェ・ジウに似ていた。

「何か御用ですか」

「キム・ウンヨンさんおりますか」

「アポはとっていますか」

「いやとっておりませんが……」

といったやりとりを通訳女史としているらしい。その間、私はさらに目を凝らしてウンヨンを探した。が、やはり見つけることはできなかった。

ともかく企画広報部の各部員のデスクを総括するように、一番奥に大きなデスクの一角があった。パーティションで囲まれ書類がうずたかく積まれているせいもあり、人の姿は見えない。

あの席が部長席に間違いないだろう。とすればそこにいる筈だ。

私の目はそこに集中した。するとわずかにパーティション越しに頭髪の一部が見えたのである。その頭髪こそウンヨンに違いない。目を凝らして見つめていると頭髪の一部は、僅かに動いていた。

何かの書き物でもしているのだろうか。

まるでネス湖のネッシーが水上に頭の一部を見せて、ゆっくりと動いている光景のように思えた。

通訳女史とチェ・ジウ似の女子社員の交渉は続いており、その会話中に「ウンヨン」という言葉が洩れ聞こえた。と、頭髪の一部がピタリと動かなくなってしまったのだ。警戒して身構えているのかもしれない。

通訳女史と女子社員の交渉に別な男子社員が加勢する形で割り込んできた。三〇代と思われる体のがっしりとした大男だった。まるでチェ・ホンマンのような偉丈夫《いじょうふ》である。

結局、私たちは部屋から追い出されてしまった。私は後ろを振り返りながら、なんとか爪先立ってでも頭髪の一部の人物を確認しようと試みたが、その人物は決して顔をあげようとしなかった。

やはりアポをとらなければ面会できないのか……。一瞬がっかりした。私たちは別の部屋に通された。

六畳ほどの狭い部屋であった。何かの相談室であるらしいが、私は取調室に入れられたような錯覚を覚えた。そしてこの部屋で再び説明を求められたのである。私は日本から持参したモノクロ写真を見せた。

「これはウンヨンさんのお母さん（オモニ）から直接カメラで撮ってもらった私の写真です。場所はウンヨンさんのお父さんの書斎部屋です。もう二〇数年前ですから、大分顔が崩れていますが」

といった。

するとチェ・ジウ似の女子社員はにわかに好奇心を見せ、写真を手にとると私の顔をジロジロとチェックしはじめた。

上司のウンヨンのオモニが自宅まであげた人間をむげには出来ない、と思ったかもしれない。これまで愛想のカケラも見せなかった顔が少し緩んだ。

結局、写真と同一人物だと判断したのか、ちょっと笑みを浮かべると、踵《きびす》を返して立ち去った。たぶん上司であるウンヨンに見せるためであろう。

チェックしてパスすれば会ってくれるかもしれない。

まもなくがっしりとしたチェ・ホンマン風社員が再びやってきて、私たちは別な部屋に移された。

今度はだだっ広い会議室であった。そして通訳女史と何事か話してまた戻っていった。内容を聞くと飲み物は何がいいかと尋ねたという。会ってくれる公算が強くなった。なんとか最終関門を突破できそうである。

チェ・ホンマン風社員がインスタントのお茶をもって来てくれた。お茶を飲みながら待つことにした。

が、なかなか主役は現れなかった。

会議室の壁面にはこの忠清北道地方の未来像象図が数枚掲示されていた。超高層の建物が立ち並び、緑豊かな樹木や噴水の立ち上る大きな池、高速道路がアルファベットのQのように描かれ、いかにも快適な街の雰囲気を醸し出す図柄であった。

会議室の入り口付近には大きな置時計が置いてある。時刻は午後三時を少し回っていた。

待つこと十五分――。

と、一人の中年男性が会議室に入ってきた。

マイホームパパになっていたウンヨン

私は席から立ち上がり、直立不動の姿勢で体を固くした。

焦げ茶色の背広上下に白のワイシャツ。ピンクっぽいネクタイを締めていた。やや痩せ型で身長は一メートル七〇センチほど。顔はほんのり浅黒く、髪の毛は少しぼさぼさしており、白いものが二、三本、目についた。

眉毛は比較的薄く、頭の形はやや逆三角形であり、フレームのあまり目立たない眼鏡をかけていた。

眉間に八の皺が見られた。フェルマーの最終定理に直面した時や、パパラッチに追われた時に、その皺が深くなったに違いない……。

が、今は皺が不快感を表現してはいない。というよりも眼鏡の奥のやや細めの眼は笑みをたたえていた。

男は手に写真を持っていた。ウンヨンの母親から撮ってもらった、私のモノクロ写真であった。

男は私の顔を一瞥したあとに、

「キム・ウンヨンです」

と日本語で話し、名刺を差し出した。私は直立不動の姿勢のままその名刺を受け取った。時に二〇一一年四月一二日午後三時一八分のことであった。

私にとっては幻の人物、二〇〇〇年に一人の天才といわれた人物と、ついに会うことができたのだ。

フジテレビの「万国びっくりショー」に初登場して以来、実に四四年目のことであった。当時、四歳八ヶ月の坊やが、四八歳となって、ここにいる。子供のころはあまり表情もなくポーカーフェイスであったが、今は柔和な笑顔となっていた。

まずは、アポも取らずにいきなり訪問した非礼を詫びたあとに、日本橋人形町のお土産（煎餅）を手渡した。原発事故の渦中にいる日本人から受け取るのはいささか危険だから……という素振りはまったく見せずに、ウンヨンは快く受け取ってくれた。

ウンヨンは手にしていた私のモノクロ写真をテーブルに置き、

「オモニが撮ったのですか。これは間違いなくアボジ（父）の書斎です、机といい書棚といい」

と懐かしそうに指で何度もさすっていた。

オモニに撮ってもらった写真は効果抜群であった。この写真があったからこそ、多忙な時間を割いて、わざわざ会ってくれたのだろう。

私はフジテレビの「万国びっくりショー」の大野プロデューサーのことを話した。するとウンヨンは、

「オオノさんは、今いくつですか」

と聞いてきた。八〇歳ぐらいですと応えると、微かに頷いた。そしてウンヨンのことを心配していたというと、ウンヨンは、

「オオノさんに、伝えてください。ウンヨンはとっても元気です。今は国のため、社会のために働いていますとお伝えください」

といった。私は必ず伝えます、と応えた。

さらにウンヨンは、

「ヤノケンタロウ先生はゲンキですか」

と質問してきた。ウンヨンにとって大野プロデューサーよりも矢野健太郎・東工大学名誉教授の方がより印象は強いのだろうか。フルネームで質問してきたからだ。

「ヤノケンタロウ先生には一九六九年に東京工業大学にいる時に、（父親とともに）訪ねたこともあります」

といった。

矢野名誉教授は、すでに十数年前に八一歳で亡くなったことを告げると、顔を軽く上下に動かし頷いていた。ウンヨンの父親とは昨日、通訳女史が電話で話したから健在なことは知っていたが、母親の方はどうかと尋ねると、ウンヨンは、

「両親とも健在です」

と応えた。

私はウンヨンの家庭のことを聞くために、あえて私の子供の話題を持ち出した。晩婚のために息子は現在小学六年生だが、ゲームばかりやっている。来年、中学受験を控えているが、何かアドバイスはないかと質問したのである。

するとウンヨンは笑って、

「ゲームをやるなと、強く言う必要はないでしょう。ゲーム機を取り上げることもないでしょう。三〇分ゲームをやったら三〇分勉強すればいいと思います」

ごく当たり前のことをいうだけだった。さらに続けて、

「実はうちの子もゲームが好きなんです。一三歳と一〇歳の二人の息子がおります。この年頃はみんなゲームが大好きですね」

といかにも子煩悩といった趣であった。顔の表情からは、二〇〇〇年に一人の天才の片鱗は感じられなかった。幼き頃から厳しい父親の早期教育を受けた反動なのだろうか、子供には甘

い父親という印象を受けた。

私は息子をダシにしてさらに聞いた。

「息子は将来、サッカー選手でマンチェスター・ユナイテッドに入りたいといっていますが、ウンヨンさんのお子さんの夢はなんですか」

「偶然ですね。うちの子も将来はサッカー選手を夢見ています。好きなチームもマンユウ（マンチェスター・ユナイテッド）です。一緒ですね」

といって笑った。これまで少し固かった雰囲気がいっきに和らいだように感じた。

「将来、両方の子供が韓国代表と日本代表のサッカー選手になって戦うことがあるかもしれませんねえ」

とウンヨンは冗談まじりの笑みをこぼしていった。

「そうなれば最高ですね」

と私も同調した。するとウンヨンは握手を求めてきた。すっかり子供を介して意気投合してしまったのである。

ウンヨンはいきなり私の手をとり、こちらに来て下さいといわんばかりに立ち上がり、スタスタと歩き出した。

会議室から出て廊下を歩く途中、五十代半ばの威厳がありそうな男性と出会った。ウンヨンはその男性に会釈した。そして男性とウンヨンは何かを話し合い始めた。通訳女史が中に割って入り説明すると、男性は笑顔を見せて立ち去った。ウンヨンの上司で、この公社の本部長という。

ウンヨンは企画広報部のドアを開けて自分のデスクに向かった。先ほどは怪訝《けげん》な顔を見せていた部下たちの目が柔和になっていた。

ウンヨンのデスクには、数字と横文字の組み合わせた難解な数式が、Ａ４サイズの紙にびっしりと書かれてあった。

先ほどパーティション越しに頭髪の一部が見えたとき、何かの書き物をしていると思ったが、この数式を書いていたのだろうか。たとえばサラリーマンが勤務中に時間を見つけて息抜きにナンプレゲームをするように、ウンヨンも勤務中に頭の運動をしていたのか。それとも何かの論文の下書きでも書いていたのか。

ウンヨンはデスク上にあるパソコンをクリックさせた。すると画面に現れたのは家族写真だった。どこかの公園で花をバックに奥さんと二人の息子と四人で写したものである。家族写真は他に何枚かあった。

仕事で疲れたら、そっと家族写真を覗き、つかの間の癒しに浸っているのだろう。

奥さんはふっくらとして聡明そうな顔立ちに見えた。二人の息子も笑みを浮かべてリラックスした様子であった。どちらかといえばウンヨンの方に似ていた。

彼の息子たちは、マスコミから騒がれ、一見神経質でポーカーフェイスの雰囲気を漂わせていた子供時代のウンヨンとは、まるで違って見えた。この息子たちの写真を見る限り、早期英才教育を受けていないだろう、と感じた。

二〇〇〇年に一人の天才といわれた人物は、単なるマイホームパパと化していたのだった。

ウンヨンとウィーナー

ウンヨンは三五歳のとき、五つ年下の奥さんと結婚した。一九九八年のことである。出会った場所は延世大学、とテレながらいった。

延世大学は韓国の名門私立大学で、よく日本の慶応大学クラスといわれている。ウンヨンはその大学で講師をしていたのである。奥さんは大学院生だったらしい。

ウンヨンは一九七〇年、八歳の時にアメリカ宇宙局（ＮＡＳＡ）の招待でアメリカ・コロラド州立大学に行き、その後、大学院で修士、博士の学位を修了し、一九七五年からＮＡＳＡの専任研究員を務めていた、という。

だが、突然アメリカから帰国したのが一九七八年のことであった。帰国理由は「同じ年頃の友だちもいないし、同僚もいない。そんな状況のなかでNASAの課題を遂行するような人生に退屈して帰ってきた」というのである。

その後、国立の忠北大学に入学し、物理学の世界から土木工学の世界に転じた。そして博士の学位を取得し、母校と延世大学で講師を務めていたのである。

大学で講師をやりながら国土環境研究所の研究員も兼ね、水理学の分野で論文を発表。その論文が認められて、世界的に有名な人名辞典に「世界の知性」として名前を掲載されたのである。

韓国ではITや生命科学などの産業団地を忠清北道エリアに建設するために、二〇〇六年に開発公社を設立させた。ウンヨンは請われるように、その年の七月に同公社に入社したわけであった。

ところで、かつてウンヨンの父親は、こう強調していた。

「ウンヨンは天才だから普通の幸せを望んではいけない。可哀相だけど仕方がない。天才は天才の道をいくしかない」

ところが現在のウンヨンは、父親の描くイメージとまったく違う人生航路を自分の手で切り開き、歩んでいるようであった。

それはアメリカの数学者、ノーバート・ウィーナー（一八九四―一九六四）を思いださせた。

ウィーナーはサイバネックスの創始者であるが、彼は厳しい父親の早期教育を受けて神童といわれた。
ウィーナーの自伝『神童から俗人へ』によると、その厳しさがひしひしと伝わってくる。

父の教え方は習うものの身に頓着しなかった。どんな誤りも即座に訂正せねばならなかった。いつでも話は気楽な会話風にはじまったが、私が一つ代数の誤りをすると、それ以降は調子ががらりと変わった。それまでやさしい父は血に飢え仇のようになってしまう。語気荒く〝なんだと！〟と叫び、私がすぐにそれに呼応しないと、雷のように、〝さあ、もう一度やれ〟とくる。この時までには私は泣いて恐怖におののいていた。父の癇癪が爆発して私にあびせる言葉は、その使われている意味以上に私には激しく耳に響いた。まるで笞責《むちせ》めの刑罰であった。私のレッスンはしばしば家庭争議にゆきついた。父は荒れ狂い、私は泣き、母は懸命に私をかばってくれた。こうしたことで家族はいつか破壊されるかもしれないと幾度も心配した。

ウンヨンの父親がどの程度厳しかったか、それはわからない。が、少なくとも早期教育を実践した父親には、J・S・ミルの例をとっても、高低の差はあるもののある種の厳しさはつきものであるらしい。

ウンヨンの場合と同じように、ウィーナーも小学校はほとんどいっていない。ゆえに社交的には未発達の子供であった、と自伝はいう。

九歳の時にアイヤーハイスクールに入学したが、座席が高すぎて、先生の膝に抱かれて授業を受けたというエピソードも残っている。

ウィーナーは一一歳でタフツ大学に入学。半ズボンの大学生として当時は有名であった。

自伝を続けてみよう。


その好ましくない結果のひとつは、私の才能を新聞雑誌の特種にしようとする記者たちに追い回されたことである。ある記者は私の私生活まで侵入しようとし、断ると〝でもインタビューがとれないと私が首になるんです〟と泣き言をいう始末であった。ついに私は新聞記者を総じて避けるべきだと悟るに至った。


神童や天才をある種、見世物的にマスコミは取り上げた。これに反発したウィーナーは徹底的にマスコミを避けたという。このあたりはウンヨンの場合とよく似ている。

さらに自伝にはこうある。

私は自分の生涯を振り返って、早期の経験のために萎縮させられたとは決して思わず、俗に言う、〝子供時代を奪われた〟ことに対して格別自分を哀れに思いもしない。

私がこのような落ち着きに到達したのは、とりわけ妻の愛情と助言のおかげであった。私は専制的に父の示す手本を離れて勉強することを、そして神童だったという私の経歴をまったく問題にしない人たちの間で自分の身を処することを学びとらなければならなかった。私は自分の研究所で手を真っ黒にして作業チームの一員として工具を使って働くことに満足を知らねばならなかった。

ノーバート・ウィーナーは、三一歳で結婚して、父の厳しい桎梏《しっこく》から解放されたのであった。

普通の幸せを見つけた天才

天才は往々にして数奇な人生を送るものである。

たとえば早熟の天才といわれた『ドルジェル伯の舞踏会』の著者、レーモン・ラディゲは二〇歳で亡くなったし、モーツアルトも三五歳、芥川龍之介も三島由紀夫も自ら命をおとして家族を悲しみの底に突き落としている。

そして、万有引力を発見したニュートンや、哲学者デカルト（ただし、隠し子がいたらしいが）、カント、ニーチェ、ショーペンハウアー、さらにフランスの文豪、マルセル・プルーストたちは、一度も家庭を持つことなく独身のまま生涯を終えている。数学の天才、エルデシュもそうである。

もっとも人の生き方は、いろいろな形があっていいだろうし、それをいちいち批判するのも野暮というものである。

ウンヨンは父親の望んだ、アインシュタインのような物理学者にはなれなかった。けれども、長い熟成期間を経て、「二一世紀の偉大なる知性」の称号と可愛らしい奥さんや子供にも恵まれ、幸せな家庭を掴みとったのである。

「天才として数奇な人生を送るよりも、普通の幸せを見つけてよかったですね」

と重ねていうと、ウンヨンは何度も、

「コマスミダ」（ありがとう）

を繰り返すのだった。

ウンヨンには弟ジャンヨンと妹イエヨンがいた。ともに建国大学・天才児童教育研究所で学んでいたことがあり、フジテレビの正月特番「韓国の神童・金雄鎔《キム・ウンヨン》」にもそろって出演していた。

このときに父親は、天才はウンヨンだけではなく、ジャンヨンもイエヨンも「天才です」といってのけた。二人は今どうしているのだろうか――。ウンヨンに聞いてみた。

「弟はいまソウル市内で内科の医師をしています。妹はイタリアのボローニャで結婚して暮らしている」

私は今回の韓国行きの目的の一つをウンヨンにぶつけた。

「日本は、いまや大変な時期です。津波にやられ道路は破壊され、原発では環境汚染で世界中から注視されている。韓国では先日、多くの小中学校が日本の原発事故による汚染雨を恐れて休校になりました。ウンヨンさんは水理学、環境問題、土木工学などの世界的なオーソリティです。『二一世紀の偉大なる知性』の一人です。日本の復興のために、その素晴らしい〝頭脳〟をお貸しください」

と通訳を通じて訴えたのである。特に「二一世紀の偉大なる知性」を強調して。

するとウンヨンは眉間の八の字に軽い皺を作って、

「日本の大惨事（東日本大震災）に心よりお見舞い申し上げます」

と前置きしたあとに、

「去年の八月に仙台の東北大学で土木工学関連の会議に出席しました。ですから宮城県には特に関心があります」

といった。私は、

「ウンヨンさんが日本と韓国の橋渡しになってくれれば……」

とさらに訴えた。

かつての天才坊やが長い時を経て、再び日本人の前に〝復興アドバイザー〟として戻ってくれれば、なんて素晴らしいことであろうか。ドラマチックなことだろうか……。

だが、そんな思いは、テレビドラマの世界か――。

ウンヨンは私の訴えに対して、軽々に承諾する素振りを見せなかった。ただ照れ笑いを浮かべているだけであった。

その表情からは、日本のためにひと肌脱ぐというよりも、母国のため、家族のために今の仕事に専念したいということが読み取れた。

ウンヨンはしばし沈黙したあとに、

「日本のみなさんには、ぜひ頑張ってもらいたいです」

とエールの言葉をつけ加えるのだった。これ以上ウンヨンに詰め寄るのは失礼と思い、話題を変えた。

私は来年中学受験をする息子のためにサインを依頼した。すると、快く紙に書いてくれた。

48歳のキム・ウンヨン氏

著者とキム・ウンヨン氏

「大富大貴」

どちらかといえば女性的で整った文字であった。意味は、豊かな人間になり多くの人から尊敬される人物になってください、というメッセージらしい。

そして一緒に写真を、というと快く承知してくれた。

忠清北道開発公社の前でウンヨンと私は並んで立った。通訳女史がデジカメを構える。私はウンヨンの肩に手を回し、ポンポンと二回軽くタッチした。それは四四年目にして、ようやく捉えた〝ウンヨン、ミッケ！〟という仕草を意味していたのだ。

帰り際にウンヨンからお土産をいただいた。あとで開けてみると、それは蓋つきの夫婦茶碗で、国の花であるムクゲの花をあしらった模様がついていた。たぶん公社が〝お客さん〟のために渡す品物であろうか。

私はバンに乗り込み、窓から手を振った。ウンヨンもずっと手を振って見送ってくれた。

残された重要任務

「よかったですね。幻の人と会えて」

と車中で通訳女史が微笑んだ。私は、

「通訳さんのおかげです」

と謝意をみせた。

それにしても長い間、胸につかえていた痼《しこ》りが消え去る瞬間は、実にすがすがしいものであった。謎が解けたときの、あの爽快感、いやそんな単純な形容ではない。

もういつ死んでもいいというのは、いささかオーバーであるが、まあ、そんな気分であった。とはいえ、これですべて終わったわけではない。まだ重要な任務が残っている。

「ウンヨンの現況」を大野プロデューサーに伝えなくてはならない。

大野プロデューサーは私と会えば、ウンヨンのことを常に話題にしていた。なぜゆえにウンヨンを気にしていたのか。

ウンヨンの番組で出世の礎を築き、以後順調に昇進したのは事実である。ウンヨンを踏み台にして出世した、といえなくもない。ご本人に聞いたわけではないが、ウンヨンの番組で社長賞か少なくとも局長賞はもらったはずだ。

当時のフジテレビは、視聴率がいいと二か月に一回ぐらいの割りで金一封（一万円）が社員一人ひとりにふるまわれた。まさに大盤振る舞いの時代であった。

であるから番組の最高責任者、大野プロデューサーが平社員と一緒の金一封だけではすまなかった、というのは穿った見方だろうか。直属の上司である元伯爵の坊城俊周氏から最大級の査定をされたであろうし、〝出世の印籠〟をもらったかもしれない。

それだけにウンヨンが燻《くす》ぶり自分だけ出世というのは、何か後ろめたさを感じていたのだろうか。だからこそウンヨンのことを気にかけていた、といえなくもない。

ウンヨンのグッドニュースを伝えると、きっと素直に喜んでくれるに違いない――。


ソウル市内にバンが戻ってくると、西日がハンガンに映え、やわらかい光を放っていた。

通訳女史がハンガンにかかる前方の橋を指差した。

「あれがソウル名物のレインボー噴水橋です。午後八時になると橋げたあたりから数十本の水が放物線を描いて放水されます。ライトアップされるときれいです」

が、今は、時間が早いために見られなかった。美しく彩られたレインボー噴水橋の景色も見たかったが、私には時間的余裕はなかった。

一刻も早く大野プロデューサーに、ウンヨンの写真とメッセージを伝えなくてはならない――。

第6章

2011年春、日本

大野プロデューサー不在の理由

帰国してすぐに大野プロデューサーの自宅に電話した。前回は何度コールしても電話に出なかった。どこかに旅行中なのか、とも思ったが、今回もまたなかなか出なかった。もしかして引っ越したのだろうか。それともまた旅行中なのか。時間を置いて再度かけると、やっと女の人の声がした。奥さんであった。

「主人ですか。おりません」

「会社ですか」

と私は訊いた。大野プロデューサーとは数年前に会った時に、名刺をいただいた。その時はフジテレビ関連会社の顧問をしていた。だから今もどこかの会社の顧問をしていると思ったからだ。

「もう会社はやめています」

「では外出ですか」

「どんなご用でしょうか」

と奥さんは訊いてきた。

大野プロデューサーの番組に出演していたキム・ウンヨンと会い、メッセージと写真を預かり、大野さんに届けたい旨をかいつまんで説明した。

「そうですか、それはありがとうございます。でも主人は家にはおりません」

「どこかに旅行ですか」

「違います」

と奥さんはきっぱりといった。病気で入院中ということも考えられる。私は電話口でしばし黙っていると、奥さんは続けていった。

「シセツです」

「シセツ？」

「そうです。K市の施設です。主人は一昨年頃からアルツハイマーになってね、徘徊するようになったんです。それにやたらに怒る。困ってしまいました。皆さんは穏やかで温厚な人といいますが、それは表面的なことしか知らないからです。私は一昨年暮れに大腿骨を骨折したのものですから、主人の世話ができなくなり、仕方なく施設に預けたわけです」

あの大野プロデューサーが施設とは、私は一瞬、あたふたしてしまった。

奥さんが続けていう。

「主人は会社をやめてからも家におりませんでした。気功、太極拳、コーラス、ウクレレと趣味が多かったからです。私と違い病院が大好きで、ちょっと体調がおかしいとすぐ病院で診てもらう。私は父が医者でしたから、医者の悪い面も知っていますからあまり好きではない。孫が東京医科歯科大学に合格した時は、主人はとても喜んでいました。そのあとにアルツハイマーになってしまったのです。先日、娘が、といってもいい年ですが、主人のところに面会にいったんです。でも、よくわからないといってました。娘の顔を忘れているようです」

ウンヨンの写真だけでも見せたいので、施設の場所を教えて欲しいと頼んだのだか、奥さんは、

「今は面会できません。イベントがあるときに娘から連絡させます」

といった。イベントとは年に二回あり、クリスマスの時と夏祭りの時らしい。家族と共に一緒に過ごすというのだ。

だが、ゆっくりと待っている時間はない。年齢も年齢だから、何が起きるか分らない。一刻も早く大野プロデューサーに伝えたい。再度お願いしても、奥さんは、施設側に迷惑をかけるといって頑強に拒否したのだった。これ以上いうのも失礼と思い、了解した。

しかしウンヨンのメッセージを伝えなくては、喉のつかえがとれない。

いったんは引き下がったものの、なんとしても大野プロデューサーに会い、ウンヨンのメッセージと写真を見せたいと思った。

日が経つにつれてその思いも強くなった。奥さんが教えてくれなければ、勝手に探し出して会いにいこうと心に決めたのである。

もうひとつの再会

探すのはそれほど難しいことではなかった。K市内の老人施設を当たればいいわけだから。市役所に聞くと約三〇箇所あるという。市内住人や比較的安い特別老人施設や有料やアルツハイマー患者を受け入れる施設などを考慮して絞り込んでいくと、Mという施設が浮かんだ。奥さんには申し訳ないが、そのM施設に出かけることにした。もっともいるかいないか、それは分らない。

大野プロデューサーのご家族を配慮して、施設では単なる見学といって大野プロデューサーの名前は決して出さない、と心に誓い、ウンヨンの写真と「万国びっくりショー」の写真を持参して、出かけたのであった。

半蔵門線に乗った。北千住を経由し草加、越谷を経てK駅で下車した。駅前からM施設に電話する。見学したいが、というと快諾してくれた。電話の相手はまだ二部屋空いていますとも付け加えた。

Ｋ駅から比較的狭い商店街を抜けていくと中学校があった。桜の満開の下、子供たちがジャージを着て何かの運動をしていた。子供たちの溌剌《はつらつ》とした声と動作に見とれながら施設を目指した。

踏み切りの近くに三階建てのＭ施設はあった。

玄関に入ると、男性職員が早速案内してくれた。オルガンの音が聞こえてきた。レクレーション室でお年寄りたちが何か童謡を歌っていた。ちょっと部屋を覗く。十数名がいたが大野プロデューサーらしき男性は見当たらなかった。

男性職員が浴室を案内してくれた。結構広いスペースであった。ここでお年寄りをお風呂にいれます、と男性職員は熱心に説明した。

と、一週間のスケジュールリストが掲示されていた。担当の介護士とともに入居者の湯に入る順番が出ていたのである。見ると果して大野プロデューサーの名前があったのだ。フルネームで記されていた。ズバリ、勘が的中したのだった。

大野プロデューサーは、どこの部屋にいるのだろうか……。

男性職員は続いて二階の部屋の空室を見せてくれた。六畳ほどの広さで、机、整理ダンス、トイレなどが小じんまりとした部屋におさまっていた。

男性職員が窓を開けると、畑や空き地が広がっていた。

部屋の入り口に名札がかかっている。次々に名札を見ていくと、大野プロデューサーの部屋を見つけた。2××号室。

ドアが開いていたので中を覗くと、男性職員がドアをぴしゃりと閉めてしまった。なかに大野プロデューサーの姿はなかった。ズボンだけが壁に吊り下げられてあった。

大野プロデューサーが部屋にいないということは、あのレクレーション室にいるはずだ……。男性職員が三階に案内しようとするのを丁重に断り、レクレーション室にいった。ガラス越しに見学した。

お年寄りたちは女性介護士の弾くピアノの演奏に合わせて『カチューシャの唄』を合唱していた。ほかにやはり女性介護士が二人付き添っていた。

男性は五、六人。女性が十数人であったが、大野プロデューサーがいるかどうか、わからなかった。

すると女性介護士が、オオノさん、椅子にちゃんと座らないと落ちちゃうからというようなことをいったので、その男性を見た。

間違いなく大野プロデューサーであった。顎をちょっと前に突き出す癖のある大野プロデューサーその人だった。

まったく表情がなかった。足を貧乏ゆすりしていた。他のお年寄りから少し離れて長椅子に座っていた。

私はウンヨンの写真を見せることができなかった。声をかけることもできなかった。そして男性職員に帰りますというと、「ぜひご検討ください」とパンフレットを渡された。

帰りの道すがら、私は考えていた。

ウンヨンの写真を見て、笑顔の失われた大野プロデューサーが久々に笑顔を取り戻すかもしれないと、勝手に想像していたのである。

だが、そんなテレビドラマみたいな想像は木っ端微塵に砕かれてしまった。

たとえ写真を見せたとしても無駄である。勝手にそんな行動をとるのは、慎むべきだろう。奥さんが「会っても無駄」と頑強にいっていたことが、ようやく飲み込めたのであった。

旅の終わり

私はその足で、矢野健太郎さんの家に向かった。すでに矢野さんは亡くなっているが、ご子息に伝えようと思ったからだ。

京浜東北線の上中里駅で下車。二〇数年前に来たことがあるが、どのあたりが矢野家だったか、定かに憶えていなかった。

住所をたよりに何人かの人に聞いてようやく矢野家に辿り着いた。以前訪問したときは、アインシュタインと二年間研究を共にした数学者の矢野健太郎の家にしては、いささか小ぶりな日本家屋だという記憶があったが、今は鉄筋コンクリートと和を折衷させた、緑に囲まれた豪邸といった雰囲気であった。

「矢野健太郎」と銅版で彫った表札が嵌めこまれてあった。

インターフォンで訪問の意図を言うと、女性の声で、いま主人（矢野健太郎の子息）はおりません。午後六時すぎには帰ってきますと応えた。まもなくその声の主が家から顔を見せた。ウンヨンの写真と私の名刺を渡した。

帰り際、女子高校の生徒たち数名がおしゃべりをしながら前方を歩いていた。

それにしてもウンヨンを追いかけてみて、つくづく時間というものを考えるようになった。四四年の歳月は、宇宙からみればミクロほどのちっぽけな時間かもしれないが、人の視点に立てば、人も景色も変えるほど長いのである。

ビデオテープのように一瞬にして前に戻すことなどできないのだ。ごく当たり前なことではあるが、当たり前のことが、妙に深く考えさせられるのだった。

ただ変わらないものの一つは、前方を歩く溌剌とした女子高生のおしゃべりであった。

午後六時過ぎに矢野家に電話した。すると男性が出た。ご子息であった。父親と違い、建築関係に進み、数年前に定年になっているようだ。

すでに奥さんから聞いていたと見えて、

「いやあ、父の名前を覚えてくれていたんですか。さすが天才ですね。ありがたいですね。これから父の仏壇に写真をお供えして、父に伝えます。父は今年生誕一〇〇年なんです。いい記念になります」

といった。

二〇〇〇年に一人の天才といわれたキム・ウンヨンを求める旅は、ともかく終わった。

マスコミなんて書きっぱなし、垂れ流しだ——という闇の声は、もう私の耳には聞こえてこなかった。

（注）ご本人とご家族を配慮して本文中、大野正敏プロデューサーを仮名と致しました。

エピローグ

東京品川区・桐ヶ谷斎場――。宮中歌会始披講会会長で、元フジテレビ常務、元共同テレビ社長、会長の坊城俊周氏の通夜が、二〇一一年六月五日に執り行われた。テレビ関係者や宮内庁関係者などが大勢つめかけて長蛇の列をつくっていた。

坊城氏は、キム・ウンヨンの番組プロデューサー、大野正敏さんの直属の上司であった。

玉串を坊城さんの遺影に奉げ、私は、「ウンヨンの現況」を報告したのだった。

これによりウンヨンの〝現在〟を伝えるべき人物は、もう誰もいなくなった――。

あとがき

猿蟹合戦の蟹のように、あるいは兎と亀の亀ように、遅くとも一歩一歩粘り強く前へ進む。無駄を省き、効率的な賢いやり方をしたくても出来ない、そんな人間は世の中にいます。不器用で人から愚鈍といわれてもコツコツと歩む。私はそんな種類の人間です。不器用で愚鈍だからこそ、対極的な位置にいる人間、つまり「天才」に限りない関心があるのです。

若き日に天才・三島由紀夫に夢中になったのもその証でしょう。

いささか話は唐突ですが、私は友人五人と現在、東海道を歩いています。日本橋から京都三条までの五十三次。日本橋をスタートしたのは、なんと今から五年前です。いまだ目的地に到着していません。もっとも一年に二、三回だからなかなか距離をかせげません。

とはいえ、その一因はどうやら私にあるようで、「もう少し早く歩けないの」とみんなから咎《とが》められています。しかし、全てにおいて愚鈍な私ですから仕方ありません。

今はようやく愛知県に突入したばかり。目的地まであと何年かかるかわかりません。

ところで今回、ウンヨンと会える保証はまったくないのに、苦手な飛行機に乗り込み単身、韓国に行きました。その行動は妻から愚挙といわれても仕方ありません。

韓流ドラマのファンである妻から、「ウンヨンに会うのは口実で、美味しいサンゲタンか本場の焼き肉でも食べてくるのだろう」と疑いを含んだ冷ややかな眼差しを受けました。幸いウンヨンと会えたことでその疑いを晴らすことができましたが（もっとも、美味しいサンゲタンは食しましたけど）。

さて、本書誕生のきっかけとなったのは、まずはキム・ウンヨンと会えたこと。そして胸襟を開き快く取材に応じてくれたことです。キム・ウンヨン氏に感謝いたします。

また、本書に推薦文を寄せてくれた、フジテレビの解説委員・キャスターの松本方哉氏に御礼申し上げます。松本氏の絶大なる励ましは、大きな力となりました。

さらに元夕刊フジの編集局次長、幾田進氏のご労力にも頭が下がります。

本書の取材にご協力くださった数多くの皆々様にも、感謝の意を表します。

最後に、本書の出版を快く引き受けてくれた共栄書房の平田勝社長並びに編集の佐藤恭介氏に、衷心より深く感謝いたします。

特に平田社長のご決断がなければ、本書の誕生はなく、重ねて感謝申し上げる次第です。

本書を亡き両親に捧げます。

二〇一一年九月二五日

日光金谷ホテル内にて　大橋義輝

参考文献リスト

宮城音弥『天才』（岩波新書）
小西行郎『早期教育と脳』（光文社新書）
木原武一『天才の勉強術』（新潮選書）
滝沢武久『知能指数』（中央新書）
吉田たかよし『脳を活かす！必勝の時間攻略法』（講談社現代新書）
野村進『脳を知りたい！』（新潮社）
吉成真由美『やわらかな脳のつくり方』（新潮社）
矢野健太郎『アインシュタイン伝』（新潮選書）
齋藤孝『天才の読み方』（大和書房）
木村久一『早教育と天才』（玉川大学出版部）
ダニエル・タメット、古屋美登里訳『天才が語る』（講談社）
七田眞『わが子を天才児に育てる』（ロングセラーズ）
養老孟司『バカの壁』（新潮新書）
山崎勝男・大井晴策『知能』（創拓社）

川島隆太『天才の創りかた』（講談社インターナショナル）
ポール・ホフマン、平石律子訳『放浪の天才数学者・エルデシュ』（草思社）
茂木健一郎『天才論』（朝日新聞出版局）
米山公啓『脳の地図帳』（青春出版社）
鵜飼俊忠『右脳ウォーキング』（宝島社）
西澤哲『子どものトラウマ』（講談社現代新書）
藤永保『幼児教育を考える』（岩波新書）
福島章『天才』（講談社現代新書）
保坂隆編著『頭がいい人は脳をどう鍛えたか』（中公新書ラクレ）
ノーバート・ウィーナー、鎮目恭夫訳『神童から俗人へ』（みすず書房）
竹村健一・大島清『賢い脳のつくり方』（ＰＨＰ研究所）
ウエイン・Ｗ・ダイアー、鈴木健二監訳『父親は何ができるか』（三笠書房）
金雄鎔、沼崎薫訳『四歳の大学生』（芳賀書店）
篠上芳光『絶対エリート主義』（実業之日本社）
大橋義輝『おれの三島由紀夫』（不死鳥社）

大橋義輝（おおはし・よしてる）

フリーランス・ライター。

東京・小岩で生まれ育つ。明治大学（文芸学科）、米国サンノゼ州立大学（ジャーナリズム学科）、中国アモイ大学（中国語）、二松学舎大学（国文学科）等で学ぶ。

元フジテレビ記者・プロデューサー。元週刊サンケイ記者。

テレビ在職中、洋画の吹き替えに、野球の江本孟紀や社会党委員長土井たか子等を起用し話題に。

著書『おれの三島由紀夫』（不死鳥社）。ルポルタージュ「ＩＱ世界一の韓国の天才少年がたどった数奇な運命」、「祇園の伝統と格式に挑戦！」、「事件の視角」（以上週刊サンケイ）。

また小説の編集者として、森村誠一「異型の白昼」、藤本義一「小説・滋賀銀行事件」、北条誠「小説・島倉千代子」等を担当。

黒澤映画のエッセイ「私の黒澤明」で最優秀賞（夕刊フジ）。

韓国天才少年の数奇な半生 ―― キム・ウンヨンのその後

2011年10月25日　初版第１刷発行

著者 ――大橋義輝
発行者 ――平田 勝
発行 ――共栄書房
〒101-0065 東京都千代田区西神田2-5-11出版輸送ビル2F
電話 03-3234-6948
FAX 03-3239-8272
E-mail master@kyoeishobo.net
URL http://kyoeishobo.net
振替 00130-4-118277
装幀 ――黒瀬章夫
印刷・製本 ―シナノ印刷株式会社

ISBN 978-4-7634-1044-3 C0036